Ivan Kouchnir

Économie de l'Ouganda

Série "Economie dans les pays"

première publication: 2020
dernière mise à jour: 2021-01-21

Ivan Kouchnir. Économie de l'Ouganda. Série "Economie dans les pays". - 2020. - 77 pages.

Ce livre sur l'économie de l'Ouganda des années 1970 aux années 2010. Données source provenant de UN Data.

Taille. Dans les années 2010, le PIB de l'Ouganda s'élevait à 25,9 milliards de dollars par an; la valeur de l'agriculture était de 6,2 milliards de dollars. Comme la part dans le monde était comprise entre 0,01% et 0,1%, le pays est classé une petite économie.

Productivité. Dans les années 2010, le produit intérieur brut par habitant était de 683,3 dollars; l'agriculture par habitant était de 164,0 dollars. Étant donné que la productivité est inférieure à la moyenne inférieure à la moyenne, l'économie est classée comme moins développée.

Croissance. Dans les années 2010, la croissance du produit intérieur brut était de 5,4%; la croissance de l'agriculture était de 2,8%.

Structure. Dans les années 2010, l'économie de l'Ouganda était composée des secteurs suivants: agriculture (45,6%), services (23,8%), commerce (14,7%), industrie (10,3%), transport (3,3%), construction (2,3%).

Exportation et importation. Dans les années 2010, les importations étaient supérieures de 57,8% aux exportations, les importations nettes représentant 10,7% du PIB. La structure technologique des exportations n'est pas meilleure que la structure des importations.

Consommation et reproduction. L'attitude de la reproduction à l'égard de la consommation est meilleure que la moyenne mondiale, de sorte que la part du PIB dans le monde augmentera.

Série "Economie dans les pays": parallel.page.link/fr

© Ivan Kouchnir, 2020

Tous les droits sont réservés.

ISBN: 9798614908751

Contenu

Partie I. Taille	4
Chapitre I. Produit intérieur brut	5
Chapitre II. Valeur ajoutée	9
Chapitre III. Revenu national brut	13
Partie II. Structure	17
Chapitre IV. Agriculture	18
Chapitre V. Industrie	22
Chapitre 5.1. Fabrication	26
Chapitre VI. Construction	31
Chapitre VII. Transport	35
Chapitre VIII. Commerce	39
Chapitre IX. Services	43
Partie III. Relations extérieures	47
Chapitre X. Exportations	48
Chapitre XI. Importations	53
Partie IV. Consommation	58
Chapitre XII. Dépenses publiques	59
Chapitre XIII. Dépenses ménagères	64
Chapitre XIV. Consommation de nourriture	69
Partie V. Reproduction	72
Chapitre XV. Formation de capital fixe	73

Partie I. Taille

	Les années 2010
PIB	25,9 milliards de dollars
Partager dans le monde	0,033%
Partager en Afrique	1,1%
Partager en Afrique de l'Est	8,2%

Chapitre I. Produit intérieur brut

Le produit intérieur brut de l'Ouganda est passé de 2,4 milliards de dollars par an dans les années 1970 à 25,9 milliards de dollars par an dans les années 2010, c'est-à-dire 23,5 milliards de dollars ou de 10,6 fois. La variation a été de 10,2 milliards de dollars en raison de l'augmentation de 1,7 fois des prix, et de 7,0 milliards de dollars en raison de la croissance de productivité de 1,8 fois, et de 6,2 milliards de dollars en raison de la croissance démographique. La croissance annuelle moyenne du PIB était de 4,4%. La valeur minimale était de 1,4 milliards de dollars en 1970. La valeur maximale était de 32,6 milliards de dollars en 2019.

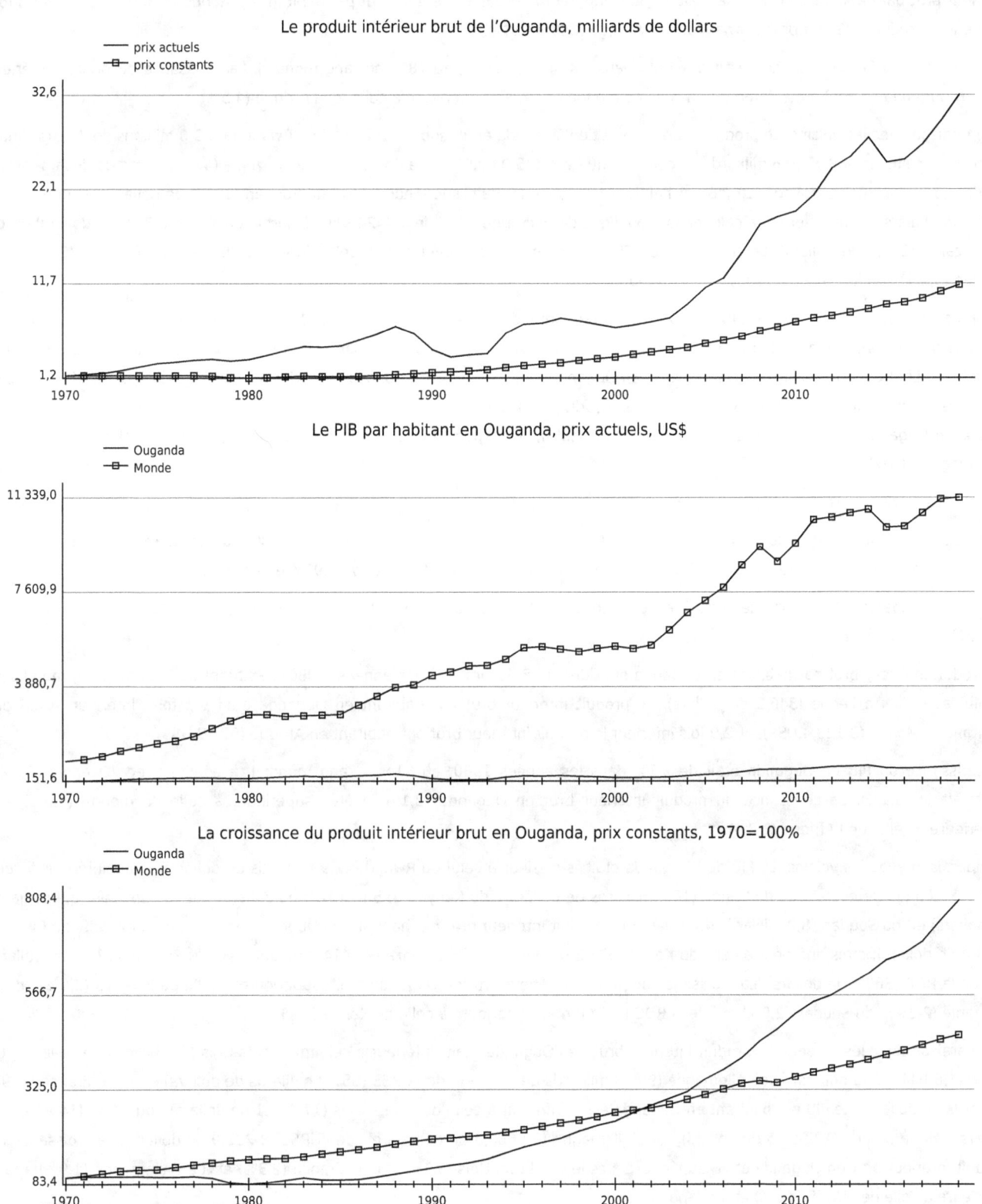

Les années 1970

Le produit intérieur brut de l'Ouganda était de 2,4 milliards de dollars par an dans les années 1970, se classant au 90ème rang mondial à égalité avec le Qatar (2,4 milliards de dollars). La part dans le monde était de 0,037% et de 0,92% en Afrique.

Le PIB de l'Ouganda était constitué des dépenses ménagères (69,4%), de la formation de capital (22,2%) et des dépenses publiques (13,4%).

Le produit intérieur brut par habitant en Ouganda était de 228.6 dollars dans les années 1970, au 161ème rang mondial. Le produit intérieur brut par habitant en Ouganda était 7,1 fois inférieur le produit intérieur brut par habitant au Monde (1 620,8 US$), et 2,8 fois inférieur le produit intérieur brut par habitant en Afrique (648,3 US$).

La croissance du PIB en Ouganda était de -1.6% dans les années 1970, au 181ème rang mondial. La croissance du produit intérieur brut en Ouganda (-1,6%) a été inférieure à celle du monde (4,1%), et inférieure à celle de l'Afrique (4,5%).

Comparaison avec les voisins. Le produit intérieur brut de l'Ouganda était supérieur à celui du Rwanda (589,0 millions de dollars); mais inférieur à celui de la RDC (9,6 milliards de dollars), du Kenya (5,0 milliards de dollars), de la Tanzanie (4,6 milliards de dollars) et du Soudan (3,2 milliards de dollars). Le PIB par habitant en Ouganda était supérieur à celui du Soudan (199,2 de dollars) et du Rwanda (136,1 de dollars); mais inférieur à celui de la république démocratique du Congo (424,9 de dollars), du Kenya (373,2 de dollars) et de la Tanzanie (290,6 de dollars). La croissance du PIB en Ouganda était inférieure à celle du Kenya (5,2%), du Rwanda (5,1%), du Soudan (3,8%), de la Tanzanie (3,7%) et de la république démocratique du Congo (0,22%).

Comparaison avec les leaders. Le PIB de l'Ouganda était inférieur à celui des États-Unis (1,7 billions de dollars), de l'URSS (649,4 milliards de dollars), du Japon (558,0 milliards de dollars), de l'Allemagne (484,2 milliards de dollars) et de la France (333,2 milliards de dollars). Le produit intérieur brut par habitant en Ouganda était inférieur à celui des États-Unis (7 838,7 de dollars), de la France (6 214,9 de dollars), de l'Allemagne (6 148,9 de dollars), du Japon (5 011,3 de dollars) et de l'URSS (2 574,9 de dollars). La croissance du PIB en Ouganda était inférieure à celle de l'URSS (4,8%), du Japon (4,6%), de la France (3,9%), des États-Unis (3,5%) et de l'Allemagne (3,1%).

Les années 1980

Le produit intérieur brut de l'Ouganda était de 5,0 milliards de dollars par an dans les années 1980, au 90ème rang mondial à égalité avec le Costa Rica (5,0 milliards de dollars). La part dans le monde était de 0,033% et de 0,92% en Afrique.

Le PIB de l'Ouganda était constitué des dépenses ménagères (72,9%), de la formation de capital (12,6%) et des dépenses publiques (12,1%).

Le produit intérieur brut par habitant en Ouganda était de 343.8 dollars dans les années 1980, se situant au 163ème rang mondial, à égalité avec Sierra Leone (346,5 de dollars). Le produit intérieur brut par habitant en Ouganda était 9,1 fois inférieur le PIB par habitant au Monde (3 123,4 US$), et 2,9 fois inférieur le produit intérieur brut par habitant en Afrique (993,3 US$).

La croissance du PIB en Ouganda était de 3.1% dans les années 1980, au 81ème rang mondial, à égalité avec l'Océanie (3,1%), l'Australasie (3,1%). La croissance du produit intérieur brut en Ouganda (3,1%) a été supérieure à celle du monde (3,0%), et supérieure à celle de l'Afrique (1,8%).

Comparaison avec les voisins. Le PIB de l'Ouganda était supérieur à celui du Rwanda (1,9 milliards de dollars); mais inférieur à celui de la république démocratique du Congo (10,8 milliards de dollars), du Kenya (10,5 milliards de dollars), de la Tanzanie (8,9 milliards de dollars) et du Soudan (8,2 milliards de dollars). Le produit intérieur brut par habitant en Ouganda était supérieur à celui du Rwanda (304,0 de dollars); mais inférieur à celui du Kenya (535,2 de dollars), de la Tanzanie (414,2 de dollars), du Soudan (373,2 de dollars) et de la RDC (365,6 de dollars). La croissance du produit intérieur brut en Ouganda était supérieure à celle du Rwanda (3,0%), de la Tanzanie (2,3%), du Soudan (2,0%) et de la RDC (1,8%); mais inférieure à celle du Kenya (4,4%).

Comparaison avec les leaders. Le produit intérieur brut de l'Ouganda était inférieur à celui des États-Unis (4,2 billions de dollars), du Japon (1,8 billions de dollars), de l'Allemagne (990,0 milliards de dollars), de l'URSS (887,0 milliards de dollars) et de la France (729,5 milliards de dollars). Le PIB par habitant en Ouganda était inférieur à celui des États-Unis (17 427,1 de dollars), du Japon (14 970,9 de dollars), de la France (12 907,5 de dollars), de l'Allemagne (12 688,8 de dollars) et de l'URSS (3 222,9 de dollars). La croissance du produit intérieur brut en Ouganda était supérieure à celle des États-Unis (3,1%), de la France (2,3%) et de l'Allemagne (1,9%); mais inférieure à celle de l'URSS (4,3%) et du Japon (4,3%).

Chapitre I. Produit intérieur brut

Les années 1990

Le PIB de l'Ouganda était de 5,8 milliards de dollars par an dans les années 1990, se situant au 108ème rang mondial à égalité avec Macao (5,8 milliards de dollars), le Yémen (5,9 milliards de dollars). La part dans le monde était de 0,020% et de 0,99% en Afrique.

Le produit intérieur brut de l'Ouganda était constitué des dépenses ménagères (71,8%), de la formation de capital (21,7%) et des dépenses publiques (12,6%).

Le PIB par habitant en Ouganda était de 290.2 dollars dans les années 1990, se classant au 191ème rang mondial, à égalité avec Madagascar (290,0 de dollars), la Tanzanie (290,7 de dollars). Le produit intérieur brut par habitant en Ouganda était 17,3 fois inférieur le produit intérieur brut par habitant au Monde (5 020,1 US$), et 2,9 fois inférieur le PIB par habitant en Afrique (833,3 US$).

La croissance du PIB en Ouganda était de 7.1% dans les années 1990, se situant au 16ème rang mondial, à égalité avec la Malaisie (7,1%), Singapour (7,2%). La croissance du PIB en Ouganda (7,1%) a été supérieure à celle du monde (2,8%), et supérieure à celle de l'Afrique (2,4%).

Comparaison avec les voisins. Le PIB de l'Ouganda était supérieur à celui du Rwanda (1,8 milliards de dollars); mais inférieur à celui du Kenya (12,8 milliards de dollars), de la république démocratique du Congo (11,4 milliards de dollars), du Soudan (11,4 milliards de dollars) et de la Tanzanie (8,5 milliards de dollars). Le produit intérieur brut par habitant en Ouganda était supérieur à celui de la république démocratique du Congo (281,8 de dollars) et du Rwanda (273,8 de dollars); mais inférieur à celui du Kenya (467,1 de dollars), du Soudan (392,5 de dollars) et de la Tanzanie (290,7 de dollars). La croissance du produit intérieur brut en Ouganda était supérieure à celle du Soudan (5,6%), de la Tanzanie (4,3%), du Kenya (2,2%), du Rwanda (1,3%) et de la RDC (-5,6%).

Comparaison avec les leaders. Le produit intérieur brut de l'Ouganda était inférieur à celui des États-Unis (7,6 billions de dollars), du Japon (4,3 billions de dollars), de l'Allemagne (2,2 billions de dollars), de la France (1,4 billions de dollars) et du Royaume-Uni (1,3 billions de dollars). Le produit intérieur brut par habitant en Ouganda était inférieur à celui du Japon (34 325,0 de dollars), des États-Unis (28 654,0 de dollars), de l'Allemagne (27 003,8 de dollars), de la France (24 100,9 de dollars) et du Royaume-Uni (22 920,4 de dollars). La croissance du PIB en Ouganda était supérieure à celle des États-Unis (3,2%), du Royaume-Uni (2,3%), de l'Allemagne (2,2%), de la France (2,0%) et du Japon (1,5%).

Les années 2000

Le produit intérieur brut de l'Ouganda était de 11,4 milliards de dollars par an dans les années 2000, se situant au 109ème rang mondial à égalité avec la Bosnie-Herzégovine (11,4 milliards de dollars). La part dans le monde était de 0,024% et de 1,0% en Afrique.

Le produit intérieur brut de l'Ouganda était constitué des dépenses ménagères (73,9%), de la formation de capital (26,6%) et des dépenses publiques (11,9%).

Le PIB par habitant en Ouganda était de 417.3 dollars dans les années 2000, se situant au 192ème rang mondial, à égalité avec le Togo (413,6 de dollars), le Mozambique (411,5 de dollars). Le produit intérieur brut par habitant en Ouganda était 17,2 fois inférieur le PIB par habitant au Monde (7 176,3 US$), et 2,9 fois inférieur le PIB par habitant en Afrique (1 228,8 US$).

La croissance du PIB en Ouganda était de 7.5% dans les années 2000, se classant au 20ème rang mondial, à égalité avec le Mozambique (7,5%). La croissance du PIB en Ouganda (7,5%) a été supérieure à celle du monde (3,0%), et supérieure à celle de l'Afrique (5,1%).

Comparaison avec les voisins. Le PIB de l'Ouganda était supérieur à celui du Rwanda (3,2 milliards de dollars); mais inférieur à celui du Soudan (35,9 milliards de dollars), du Kenya (23,2 milliards de dollars), de la Tanzanie (18,7 milliards de dollars) et de la RDC (12,6 milliards de dollars). Le produit intérieur brut par habitant en Ouganda était supérieur à celui du Rwanda (359,0 de dollars) et de la république démocratique du Congo (232,5 de dollars); mais inférieur à celui du Soudan (944,3 de dollars), du Kenya (640,5 de dollars) et de la Tanzanie (491,8 de dollars). La croissance du produit intérieur brut en Ouganda était supérieure à celle du Soudan (7,0%), de la Tanzanie (6,4%), du Kenya (3,6%) et de la RDC (3,2%); mais inférieure à celle du Rwanda (8,3%).

Comparaison avec les leaders. Le PIB de l'Ouganda était inférieur à celui des États-Unis (12,6 billions de dollars), du Japon (4,7 billions de dollars), de l'Allemagne (2,8 billions de dollars), de la Chine (2,6 billions de dollars) et du Royaume-Uni (2,3 billions de dollars). Le PIB par habitant en Ouganda était inférieur à celui des États-Unis (42 841,2 de dollars), du Royaume-Uni (38 399,3 de dollars), du Japon (36 386,2 de dollars), de l'Allemagne (33 966,8 de dollars) et de la Chine (1 954,1 de dollars). La croissance du produit intérieur brut en Ouganda était supérieure à celle des États-Unis (1,9%), du Royaume-Uni (1,7%), de l'Allemagne (0,73%) et du Japon (0,50%);

mais inférieure à celle de la Chine (10,3%).

Les années 2010

Le PIB de l'Ouganda était de 25,9 milliards de dollars par an dans les années 2010, se situant au 103ème rang mondial à égalité avec l'Estonie (25,5 milliards de dollars). La part dans le monde était de 0,033% et de 1,1% en Afrique.

Le PIB de l'Ouganda était constitué des dépenses ménagères (75,2%), de la formation de capital (25,8%) et des dépenses publiques (9,6%).

Le produit intérieur brut par habitant en Ouganda était de 683.3 dollars dans les années 2010, au 196ème rang mondial. Le PIB par habitant en Ouganda était 15,5 fois inférieur le PIB par habitant au Monde (10 603,1 US$), et 2,9 fois inférieur le PIB par habitant en Afrique (1 979,5 US$).

La croissance du PIB en Ouganda était de 5.4% dans les années 2010, au 40ème rang mondial, à égalité avec la Malaisie (5,3%), les Fidji (5,4%), l'Est (5,4%). La croissance du PIB en Ouganda (5,4%) a été supérieure à celle du monde (3,1%), et supérieure à celle de l'Afrique (2,9%).

Comparaison avec les voisins. Le PIB de l'Ouganda était 3,1 fois supérieur à celui du Rwanda (8,3 milliards de dollars); mais 2,7 fois inférieur à celui du Soudan (70,6 milliards de dollars), 2,5 fois inférieur à celui du Kenya (64,4 milliards de dollars), 46,2% inférieur à celui de la Tanzanie (48,2 milliards de dollars) et 27,2% inférieur à celui de la RDC (35,6 milliards de dollars). Le PIB par habitant en Ouganda était 44,6% supérieur à celui de la république démocratique du Congo (472,5 de dollars); mais 2,7 fois inférieur à celui du Soudan (1 833,1 de dollars), 49,9% inférieur à celui du Kenya (1 362,6 de dollars), 27,8% inférieur à celui de la Tanzanie (946,0 de dollars) et 7,4% inférieur à celui du Rwanda (738,2 de dollars). La croissance du PIB en Ouganda était supérieure à celle du Soudan (3,0%); mais inférieure à celle du Rwanda (7,1%), de la Tanzanie (6,6%), de la république démocratique du Congo (6,2%) et du Kenya (5,8%).

Comparaison avec les leaders. Le PIB de l'Ouganda était 693,3 fois inférieur à celui des États-Unis (18,0 billions de dollars), 405,5 fois inférieur à celui de la Chine (10,5 billions de dollars), 201,8 fois inférieur à celui du Japon (5,2 billions de dollars), 141,3 fois inférieur à celui de l'Allemagne (3,7 billions de dollars) et 106,8 fois inférieur à celui du Royaume-Uni (2,8 billions de dollars). Le PIB par habitant en Ouganda était 82,3 fois inférieur à celui des États-Unis (56 220,1 de dollars), 65,5 fois inférieur à celui de l'Allemagne (44 732,1 de dollars), 61,7 fois inférieur à celui du Royaume-Uni (42 176,3 de dollars), 59,8 fois inférieur à celui du Japon (40 869,8 de dollars) et 11,0 fois inférieur à celui de la Chine (7 491,3 de dollars). La croissance du produit intérieur brut en Ouganda était supérieure à celle des États-Unis (2,3%), de l'Allemagne (1,9%), du Royaume-Uni (1,8%) et du Japon (1,3%); mais inférieure à celle de la Chine (7,7%).

Chapitre II. Valeur ajoutée

La valeur ajoutée de l'Ouganda est passé de 2,3 milliards de dollars par an dans les années 1970 à 24,0 milliards de dollars par an dans les années 2010, c'est-à-dire 21,6 milliards de dollars ou de 10,3 fois. La variation a été de 11,5 milliards de dollars en raison de l'augmentation de 1,9 fois des prix, et de 4,3 milliards de dollars en raison de la croissance de productivité de 1,5 fois, et de 5,9 milliards de dollars en raison de la croissance démographique. La croissance annuelle moyenne de la valeur ajoutée était de 4,0%. La valeur minimale était de 1,4 milliards de dollars en 1970. La valeur maximale était de 29,8 milliards de dollars en 2019.

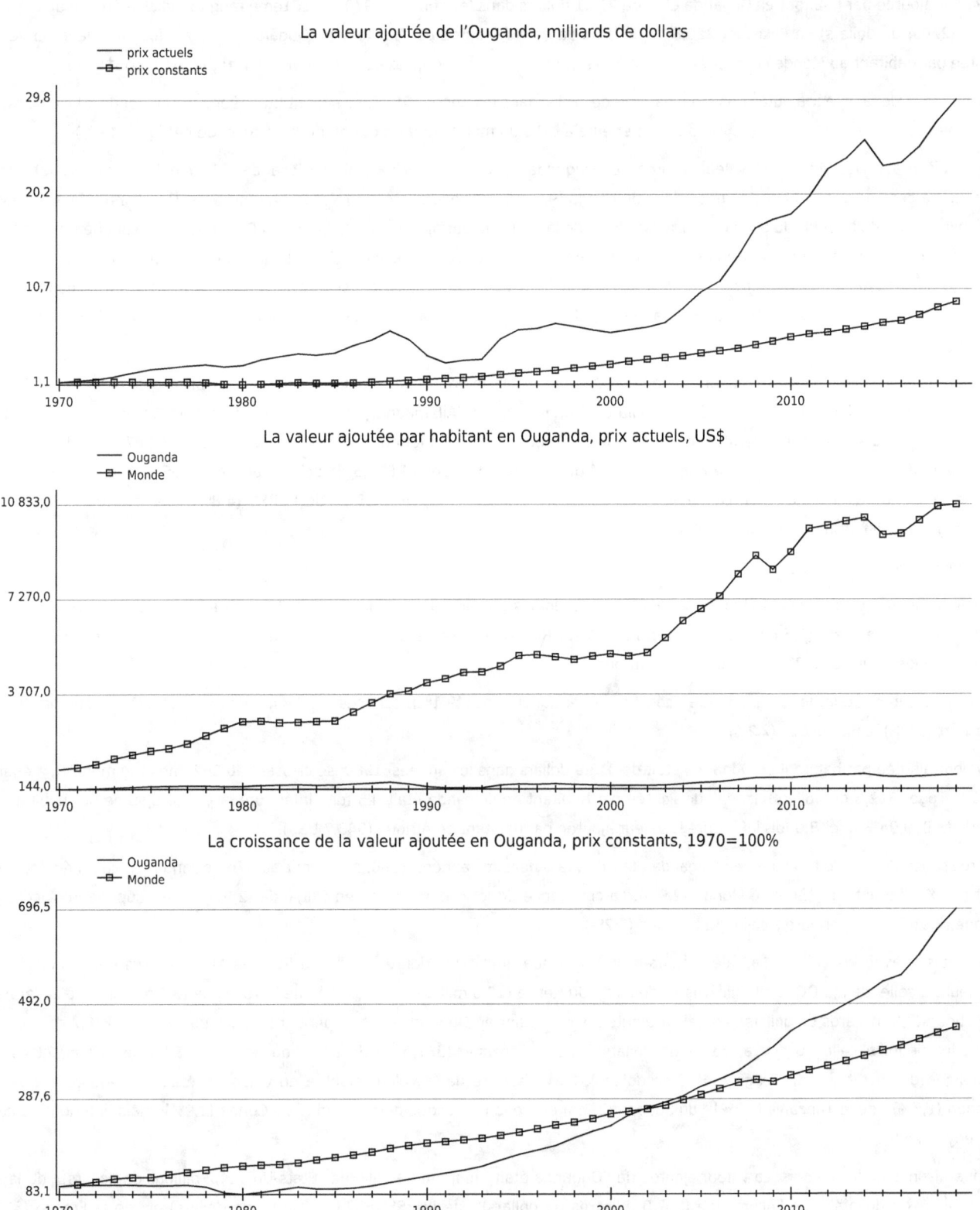

Les années 1970

La valeur ajoutée de l'Ouganda était de 2,3 milliards de dollars par an dans les années 1970, se situant au 92ème rang mondial à égalité avec Trinité-et-Tobago (2,3 milliards de dollars), l'Afghanistan (2,4 milliards de dollars). La part dans le monde était de 0,037% et de 0,91% en Afrique.

La valeur ajoutée totale de l'Ouganda était constituée de: agriculture (45,6%), services (23,8%), commerce (14,7%), industrie (10,3%), transport (3,3%), construction (2,3%).

La valeur ajoutée par habitant en Ouganda était de 217.1 dollars dans les années 1970, au 161ème rang mondial, à égalité avec Sierra Leone (220,4 de dollars), le Pakistan (220,8 de dollars). La valeur ajoutée par habitant en Ouganda était 7,2 fois inférieure la valeur ajoutée par habitant au Monde (1 564,4 US$), et 2,9 fois inférieure la valeur ajoutée par habitant en Afrique (619,0 US$).

La croissance de la valeur ajoutée en Ouganda était de -1.6% dans les années 1970, se situant au 179ème rang mondial. La croissance de la valeur ajoutée en Ouganda (-1,6%) a été inférieure à celle du monde (3,9%), et inférieure à celle de l'Afrique (4,9%).

Comparaison avec les voisins. La valeur ajoutée de l'Ouganda était supérieure à celle du Rwanda (511,7 millions de dollars); mais inférieure à celle de la république démocratique du Congo (9,3 milliards de dollars), du Kenya (4,9 milliards de dollars), de la Tanzanie (4,2 milliards de dollars) et du Soudan (3,1 milliards de dollars). La valeur ajoutée par habitant en Ouganda était supérieure à celle du Soudan (191,5 de dollars) et du Rwanda (118,2 de dollars); mais inférieure à celle de la république démocratique du Congo (409,4 de dollars), du Kenya (363,6 de dollars) et de la Tanzanie (270,4 de dollars). La croissance de la valeur ajoutée en Ouganda était inférieure à celle du Rwanda (5,7%), du Kenya (5,6%), du Soudan (4,1%), de la Tanzanie (3,5%) et de la république démocratique du Congo (0,089%).

Comparaison avec les leaders. La valeur ajoutée de l'Ouganda était inférieure à celle des États-Unis (1,7 billions de dollars), de l'URSS (649,4 milliards de dollars), du Japon (545,3 milliards de dollars), de l'Allemagne (444,9 milliards de dollars) et de la France (297,3 milliards de dollars). La valeur ajoutée par habitant en Ouganda était inférieure à celle des États-Unis (7 767,9 de dollars), de l'Allemagne (5 650,3 de dollars), de la France (5 544,4 de dollars), du Japon (4 897,5 de dollars) et de l'URSS (2 574,9 de dollars). La croissance de la valeur ajoutée en Ouganda était inférieure à celle du Japon (4,9%), de l'URSS (4,8%), de la France (3,7%), de l'Allemagne (3,1%) et des États-Unis (2,9%).

Les années 1980

La valeur ajoutée de l'Ouganda était de 4,6 milliards de dollars par an dans les années 1980, se situant au 91ème rang mondial à égalité avec le Viêt Nam (4,6 milliards de dollars), le Costa Rica (4,6 milliards de dollars), la Jordanie (4,7 milliards de dollars). La part dans le monde était de 0,031% et de 0,90% en Afrique.

La valeur ajoutée totale de l'Ouganda était constituée de: agriculture (49,1%), services (20,1%), commerce (16,3%), industrie (9,1%), transport (3,2%), construction (2,2%).

La valeur ajoutée par habitant en Ouganda était de 318.9 dollars dans les années 1980, se classant au 162ème rang mondial, à égalité avec le Togo (312,6 de dollars). La valeur ajoutée par habitant en Ouganda était 9,5 fois inférieure la valeur ajoutée par habitant au Monde (3 029,9 US$), et 3,0 fois inférieure la valeur ajoutée par habitant en Afrique (948,7 US$).

La croissance de la valeur ajoutée en Ouganda était de 2.9% dans les années 1980, se situant au 87ème rang mondial, à égalité avec l'Est (2,9%), l'Équateur (2,9%), le Monde (2,9%). La croissance de la valeur ajoutée en Ouganda (2,9%) a été supérieure à celle du monde (2,9%), et supérieure à celle de l'Afrique (1,2%).

Comparaison avec les voisins. La valeur ajoutée de l'Ouganda était supérieure à celle du Rwanda (1,7 milliards de dollars); mais inférieure à celle de la RDC (10,4 milliards de dollars), du Kenya (10,0 milliards de dollars), de la Tanzanie (8,3 milliards de dollars) et du Soudan (7,9 milliards de dollars). La valeur ajoutée par habitant en Ouganda était supérieure à celle du Rwanda (278,2 de dollars); mais inférieure à celle du Kenya (511,7 de dollars), de la Tanzanie (387,6 de dollars), du Soudan (358,3 de dollars) et de la république démocratique du Congo (349,6 de dollars). La croissance de la valeur ajoutée en Ouganda était supérieure à celle du Rwanda (2,7%), de la Tanzanie (2,3%), du Soudan (2,2%) et de la république démocratique du Congo (1,9%); mais inférieure à celle du Kenya (4,5%).

Comparaison avec les leaders. La valeur ajoutée de l'Ouganda était inférieure à celle des États-Unis (4,2 billions de dollars), du Japon (1,8 billions de dollars), de l'Allemagne (907,0 milliards de dollars), de l'URSS (887,0 milliards de dollars) et de la France (650,9

Chapitre II. Valeur ajoutée

milliards de dollars). La valeur ajoutée par habitant en Ouganda était inférieure à celle des États-Unis (17 439,9 de dollars), du Japon (14 839,7 de dollars), de l'Allemagne (11 624,4 de dollars), de la France (11 516,2 de dollars) et de l'URSS (3 222,9 de dollars). La croissance de la valeur ajoutée en Ouganda était supérieure à celle des États-Unis (2,8%), de la France (2,2%) et de l'Allemagne (2,0%); mais inférieure à celle de l'URSS (4,3%) et du Japon (4,2%).

Les années 1990

La valeur ajoutée de l'Ouganda était de 5,4 milliards de dollars par an dans les années 1990, se situant au 108ème rang mondial à égalité avec la Jordanie (5,4 milliards de dollars). La part dans le monde était de 0,020% et de 0,97% en Afrique.

La valeur ajoutée totale de l'Ouganda était constituée de: agriculture (39,0%), services (24,8%), commerce (14,2%), industrie (13,8%), transport (4,4%), construction (3,8%).

La valeur ajoutée par habitant en Ouganda était de 270.4 dollars dans les années 1990, se classant au 195ème rang mondial, à égalité avec le Viêt Nam (270,0 de dollars), Madagascar (272,8 de dollars). La valeur ajoutée par habitant en Ouganda était 17,7 fois inférieure la valeur ajoutée par habitant au Monde (4 799,9 US$), et 2,9 fois inférieure la valeur ajoutée par habitant en Afrique (793,2 US$).

La croissance de la valeur ajoutée en Ouganda était de 6.6% dans les années 1990, se classant au 17ème rang mondial, à égalité avec la Malaisie (6,6%). La croissance de la valeur ajoutée en Ouganda (6,6%) a été supérieure à celle du monde (2,7%), et supérieure à celle de l'Afrique (2,3%).

Comparaison avec les voisins. La valeur ajoutée de l'Ouganda était supérieure à celle du Rwanda (1,7 milliards de dollars); mais inférieure à celle du Kenya (11,8 milliards de dollars), de la république démocratique du Congo (11,3 milliards de dollars), du Soudan (11,1 milliards de dollars) et de la Tanzanie (8,2 milliards de dollars). La valeur ajoutée par habitant en Ouganda était supérieure à celle du Rwanda (253,9 de dollars); mais inférieure à celle du Kenya (431,0 de dollars), du Soudan (382,1 de dollars), de la Tanzanie (283,5 de dollars) et de la RDC (278,5 de dollars). La croissance de la valeur ajoutée en Ouganda était supérieure à celle de la Tanzanie (4,6%), du Rwanda (1,6%), du Kenya (1,4%) et de la RDC (-5,1%); mais inférieure à celle du Soudan (7,1%).

Comparaison avec les leaders. La valeur ajoutée de l'Ouganda était inférieure à celle des États-Unis (7,6 billions de dollars), du Japon (4,3 billions de dollars), de l'Allemagne (2,0 billions de dollars), de la France (1,3 billions de dollars) et du Royaume-Uni (1,2 billions de dollars). La valeur ajoutée par habitant en Ouganda était inférieure à celle du Japon (34 190,7 de dollars), des États-Unis (28 605,8 de dollars), de l'Allemagne (24 519,7 de dollars), de la France (21 588,1 de dollars) et du Royaume-Uni (21 414,8 de dollars). La croissance de la valeur ajoutée en Ouganda était supérieure à celle des États-Unis (2,8%), du Royaume-Uni (2,4%), de l'Allemagne (2,1%), de la France (1,8%) et du Japon (1,8%).

Les années 2000

La valeur ajoutée de l'Ouganda était de 10,6 milliards de dollars par an dans les années 2000, se situant au 107ème rang mondial. La part dans le monde était de 0,024% et de 1,0% en Afrique.

La valeur ajoutée totale de l'Ouganda était constituée de: agriculture (27,8%), services (27,4%), industrie (16,6%), commerce (15,2%), transport (7,5%), construction (5,5%).

La valeur ajoutée par habitant en Ouganda était de 388.3 dollars dans les années 2000, au 192ème rang mondial, à égalité avec l'Est (395,5 de dollars). La valeur ajoutée par habitant en Ouganda était 17,6 fois inférieure la valeur ajoutée par habitant au Monde (6 818,0 US$), et 3,0 fois inférieure la valeur ajoutée par habitant en Afrique (1 165,9 US$).

La croissance de la valeur ajoutée en Ouganda était de 6.2% dans les années 2000, au 28ème rang mondial, à égalité avec l'Afrique centrale (6,2%), l'Inde (6,2%), la Tanzanie (6,3%). La croissance de la valeur ajoutée en Ouganda (6,2%) a été supérieure à celle du monde (2,9%), et supérieure à celle de l'Afrique (4,9%).

Comparaison avec les voisins. La valeur ajoutée de l'Ouganda était supérieure à celle du Rwanda (2,9 milliards de dollars); mais inférieure à celle du Soudan (35,2 milliards de dollars), du Kenya (21,0 milliards de dollars), de la Tanzanie (17,5 milliards de dollars) et de la RDC (12,1 milliards de dollars). La valeur ajoutée par habitant en Ouganda était supérieure à celle du Rwanda (326,5 de dollars) et de la république démocratique du Congo (223,3 de dollars); mais inférieure à celle du Soudan (924,8 de dollars), du Kenya (579,5 de dollars) et de la Tanzanie (458,5 de dollars). La croissance de la valeur ajoutée en Ouganda était supérieure à celle du Kenya (3,1%) et de la république démocratique du Congo (3,0%); mais inférieure à celle du Rwanda (7,6%), du Soudan (7,2%) et de la Tanzanie (6,3%).

Comparaison avec les leaders. La valeur ajoutée de l'Ouganda était inférieure à celle des États-Unis (12,6 billions de dollars), du Japon (4,7 billions de dollars), de la Chine (2,6 billions de dollars), de l'Allemagne (2,5 billions de dollars) et du Royaume-Uni (2,1 billions de dollars). La valeur ajoutée par habitant en Ouganda était inférieure à celle des États-Unis (42 840,8 de dollars), du Japon (36 383,0 de dollars), du Royaume-Uni (34 611,1 de dollars), de l'Allemagne (30 717,6 de dollars) et de la Chine (1 954,1 de dollars). La croissance de la valeur ajoutée en Ouganda était supérieure à celle des États-Unis (1,7%), du Royaume-Uni (1,7%), de l'Allemagne (0,65%) et du Japon (0,27%); mais inférieure à celle de la Chine (10,2%).

Les années 2010

La valeur ajoutée de l'Ouganda était de 24,0 milliards de dollars par an dans les années 2010, se classant au 104ème rang mondial à égalité avec Trinité-et-Tobago (24,1 milliards de dollars). La part dans le monde était de 0,032% et de 1,1% en Afrique.

La valeur ajoutée totale de l'Ouganda était constituée de: services (28,0%), agriculture (26,0%), commerce (17,3%), industrie (14,4%), construction (8,0%), transport (6,4%).

La valeur ajoutée par habitant en Ouganda était de 631.7 dollars dans les années 2010, se situant au 198ème rang mondial, à égalité avec la Guinée-Bissau (646,5 de dollars). La valeur ajoutée par habitant en Ouganda était 16,0 fois inférieure la valeur ajoutée par habitant au Monde (10 094,6 US$), et 3,0 fois inférieure la valeur ajoutée par habitant en Afrique (1 886,4 US$).

La croissance de la valeur ajoutée en Ouganda était de 5.7% dans les années 2010, se situant au 30ème rang mondial, à égalité avec le Bhoutan (5,7%), l'Irlande (5,7%). La croissance de la valeur ajoutée en Ouganda (5,7%) a été supérieure à celle du monde (3,1%), et supérieure à celle de l'Afrique (2,7%).

Comparaison avec les voisins. La valeur ajoutée de l'Ouganda était 3,2 fois supérieure à celle du Rwanda (7,6 milliards de dollars); mais 3,0 fois inférieure à celle du Soudan (70,9 milliards de dollars), 2,5 fois inférieure à celle du Kenya (60,1 milliards de dollars), 46,0% inférieure à celle de la Tanzanie (44,4 milliards de dollars) et 28,8% inférieure à celle de la RDC (33,6 milliards de dollars). La valeur ajoutée par habitant en Ouganda était 41,4% supérieure à celle de la république démocratique du Congo (446,6 de dollars); mais 2,9 fois inférieure à celle du Soudan (1 839,0 de dollars), 2,0 fois inférieure à celle du Kenya (1 270,5 de dollars), 27,5% inférieure à celle de la Tanzanie (871,6 de dollars) et 6,3% inférieure à celle du Rwanda (674,5 de dollars). La croissance de la valeur ajoutée en Ouganda était supérieure à celle du Soudan (3,0%); mais inférieure à celle du Rwanda (7,0%), de la Tanzanie (6,8%), de la RDC (6,3%) et du Kenya (5,8%).

Comparaison avec les leaders. La valeur ajoutée de l'Ouganda était 750,0 fois inférieure à celle des États-Unis (18,0 billions de dollars), 438,7 fois inférieure à celle de la Chine (10,5 billions de dollars), 217,2 fois inférieure à celle du Japon (5,2 billions de dollars), 137,9 fois inférieure à celle de l'Allemagne (3,3 billions de dollars) et 103,1 fois inférieure à celle du Royaume-Uni (2,5 billions de dollars). La valeur ajoutée par habitant en Ouganda était 89,0 fois inférieure à celle des États-Unis (56 220,3 de dollars), 64,4 fois inférieure à celle du Japon (40 660,3 de dollars), 63,9 fois inférieure à celle de l'Allemagne (40 346,4 de dollars), 59,6 fois inférieure à celle du Royaume-Uni (37 659,6 de dollars) et 11,9 fois inférieure à celle de la Chine (7 491,3 de dollars). La croissance de la valeur ajoutée en Ouganda était supérieure à celle des États-Unis (2,2%), de l'Allemagne (1,9%), du Royaume-Uni (1,8%) et du Japon (1,3%); mais inférieure à celle de la Chine (7,7%).

Chapitre III. Revenu national brut

Le RNB de l'Ouganda est passé de 2,4 milliards de dollars par an dans les années 1970 à 25,4 milliards de dollars par an dans les années 2010, c'est-à-dire 22,9 milliards de dollars ou de 10,5 fois. La variation a été de 10,0 milliards de dollars en raison de l'augmentation de 1,6 fois des prix, et de 6,8 milliards de dollars en raison de la croissance de productivité de 1,8 fois, et de 6,2 milliards de dollars en raison de la croissance démographique. La croissance annuelle moyenne du revenu national brut était de 4,3%. La valeur minimale était de 1,4 milliards de dollars en 1970. La valeur maximale était de 31,7 milliards de dollars en 2019.

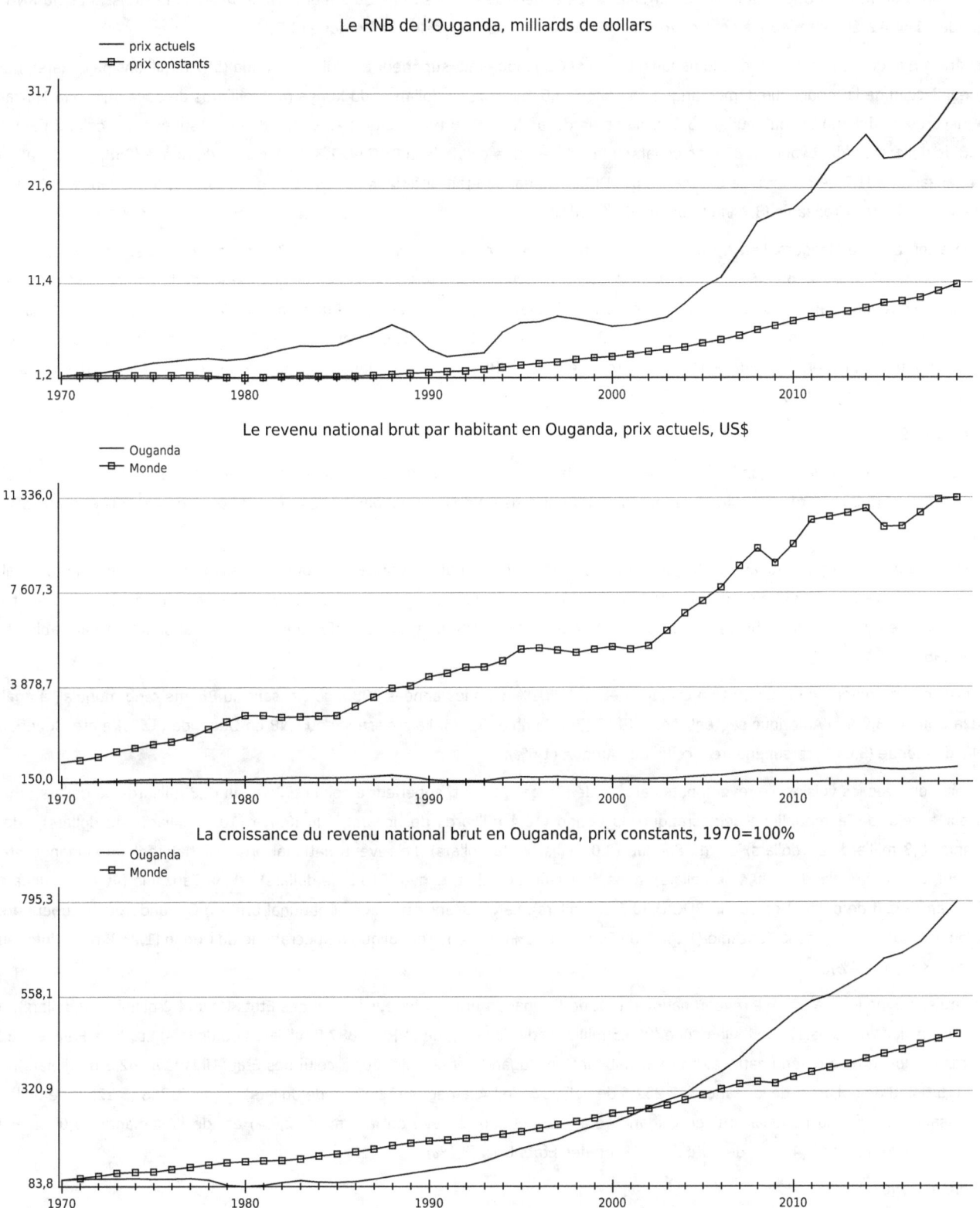

Les années 1970

Le RNB de l'Ouganda était de 2,4 milliards de dollars par an dans les années 1970, se classant au 88ème rang mondial à égalité avec l'Afghanistan (2,4 milliards de dollars). La part dans le monde était de 0,037% et de 0,93% en Afrique.

Le RNB par habitant en Ouganda était de 227.2 dollars dans les années 1970, se situant au 160ème rang mondial, à égalité avec Sierra Leone (228,2 de dollars). Le revenu national brut par habitant en Ouganda était 7,1 fois inférieur le RNB par habitant au Monde (1 624,3 US$), et 2,8 fois inférieur le revenu national brut par habitant en Afrique (632,4 US$).

La croissance du RNB en Ouganda était de -1.6% dans les années 1970, se situant au 180ème rang mondial. La croissance du RNB en Ouganda (-1,6%) a été inférieure à celle du monde (4,1%), et inférieure à celle de l'Afrique (4,7%).

Comparaison avec les voisins. Le revenu national brut de l'Ouganda était supérieur à celui du Rwanda (587,8 millions de dollars); mais inférieur à celui de la république démocratique du Congo (9,6 milliards de dollars), du Kenya (4,8 milliards de dollars), de la Tanzanie (4,6 milliards de dollars) et du Soudan (3,2 milliards de dollars). Le RNB par habitant en Ouganda était supérieur à celui du Soudan (197,8 de dollars) et du Rwanda (135,8 de dollars); mais inférieur à celui de la RDC (421,3 de dollars), du Kenya (358,1 de dollars) et de la Tanzanie (291,7 de dollars). La croissance du RNB en Ouganda était inférieure à celle du Kenya (5,2%), du Rwanda (5,1%), du Soudan (3,7%), de la Tanzanie (3,7%) et de la RDC (0,18%).

Comparaison avec les leaders. Le RNB de l'Ouganda était inférieur à celui des États-Unis (1,7 billions de dollars), de l'URSS (649,4 milliards de dollars), du Japon (558,5 milliards de dollars), de l'Allemagne (486,2 milliards de dollars) et de la France (334,3 milliards de dollars). Le revenu national brut par habitant en Ouganda était inférieur à celui des États-Unis (7 837,2 de dollars), de la France (6 235,1 de dollars), de l'Allemagne (6 174,4 de dollars), du Japon (5 015,3 de dollars) et de l'URSS (2 574,9 de dollars). La croissance du revenu national brut en Ouganda était inférieure à celle de l'URSS (4,8%), du Japon (4,7%), de la France (3,9%), des États-Unis (3,5%) et de l'Allemagne (3,0%).

Les années 1980

Le revenu national brut de l'Ouganda était de 4,9 milliards de dollars par an dans les années 1980, au 89ème rang mondial à égalité avec le Panama (5,0 milliards de dollars), la Jordanie (5,0 milliards de dollars). La part dans le monde était de 0,033% et de 0,95% en Afrique.

Le revenu national brut par habitant en Ouganda était de 339.8 dollars dans les années 1980, se classant au 162ème rang mondial, à égalité avec Sierra Leone (333,6 de dollars), le Bhoutan (347,8 de dollars). Le revenu national brut par habitant en Ouganda était 9,2 fois inférieur le revenu national brut par habitant au Monde (3 117,1 US$), et 2,8 fois inférieur le revenu national brut par habitant en Afrique (957,8 US$).

La croissance du revenu national brut en Ouganda était de 3.1% dans les années 1980, se classant au 86ème rang mondial, à égalité avec la Guinée (3,0%), l'Amérique septentrionale (3,0%), la Zambie (3,1%). La croissance du RNB en Ouganda (3,1%) a été supérieure à celle du monde (3,0%), et supérieure à celle de l'Afrique (1,6%).

Comparaison avec les voisins. Le revenu national brut de l'Ouganda était supérieur à celui du Rwanda (1,8 milliards de dollars); mais inférieur à celui de la république démocratique du Congo (10,4 milliards de dollars), du Kenya (10,1 milliards de dollars), de la Tanzanie (8,8 milliards de dollars) et du Soudan (8,0 milliards de dollars). Le revenu national brut par habitant en Ouganda était supérieur à celui du Rwanda (300,4 de dollars); mais inférieur à celui du Kenya (516,2 de dollars), de la Tanzanie (409,6 de dollars), du Soudan (361,6 de dollars) et de la RDC (350,5 de dollars). La croissance du revenu national brut en Ouganda était supérieure à celle du Rwanda (2,8%), de la Tanzanie (1,8%), du Soudan (1,6%) et de la république démocratique du Congo (1,2%); mais inférieure à celle du Kenya (4,4%).

Comparaison avec les leaders. Le revenu national brut de l'Ouganda était inférieur à celui des États-Unis (4,2 billions de dollars), du Japon (1,8 billions de dollars), de l'Allemagne (996,5 milliards de dollars), de l'URSS (887,0 milliards de dollars) et de la France (732,1 milliards de dollars). Le revenu national brut par habitant en Ouganda était inférieur à celui des États-Unis (17 362,5 de dollars), du Japon (15 042,8 de dollars), de la France (12 952,6 de dollars), de l'Allemagne (12 771,0 de dollars) et de l'URSS (3 222,9 de dollars). La croissance du revenu national brut en Ouganda était supérieure à celle de la France (2,3%) et de l'Allemagne (2,0%); mais inférieure à celle du Japon (4,4%), de l'URSS (4,3%) et des États-Unis (3,1%).

Les années 1990

Chapitre III. Revenu national brut

Le RNB de l'Ouganda était de 5,8 milliards de dollars par an dans les années 1990, se classant au 108ème rang mondial à égalité avec le Yémen (5,7 milliards de dollars). La part dans le monde était de 0,020% et de 1,0% en Afrique.

Le revenu national brut par habitant en Ouganda était de 287.3 dollars dans les années 1990, se classant au 191ème rang mondial, à égalité avec la Tanzanie (283,2 de dollars). Le RNB par habitant en Ouganda était 17,4 fois inférieur le RNB par habitant au Monde (4 991,4 US$), et 2,8 fois inférieur le revenu national brut par habitant en Afrique (799,7 US$).

La croissance du revenu national brut en Ouganda était de 7.2% dans les années 1990, au 16ème rang mondial. La croissance du revenu national brut en Ouganda (7,2%) a été supérieure à celle du monde (2,8%), et supérieure à celle de l'Afrique (2,5%).

Comparaison avec les voisins. Le RNB de l'Ouganda était supérieur à celui du Rwanda (1,8 milliards de dollars); mais inférieur à celui du Kenya (12,3 milliards de dollars), du Soudan (10,8 milliards de dollars), de la RDC (10,5 milliards de dollars) et de la Tanzanie (8,2 milliards de dollars). Le revenu national brut par habitant en Ouganda était supérieur à celui de la Tanzanie (283,2 de dollars), du Rwanda (272,1 de dollars) et de la république démocratique du Congo (259,4 de dollars); mais inférieur à celui du Kenya (450,5 de dollars) et du Soudan (372,9 de dollars). La croissance du revenu national brut en Ouganda était supérieure à celle du Soudan (6,0%), de la Tanzanie (4,7%), du Kenya (2,5%), du Rwanda (1,3%) et de la république démocratique du Congo (-5,3%).

Comparaison avec les leaders. Le revenu national brut de l'Ouganda était inférieur à celui des États-Unis (7,5 billions de dollars), du Japon (4,4 billions de dollars), de l'Allemagne (2,2 billions de dollars), de la France (1,4 billions de dollars) et du Royaume-Uni (1,3 billions de dollars). Le revenu national brut par habitant en Ouganda était inférieur à celui du Japon (34 665,3 de dollars), des États-Unis (28 503,5 de dollars), de l'Allemagne (27 004,0 de dollars), de la France (24 286,5 de dollars) et du Royaume-Uni (23 037,3 de dollars). La croissance du RNB en Ouganda était supérieure à celle des États-Unis (3,4%), de la France (2,2%), du Royaume-Uni (2,0%), de l'Allemagne (2,0%) et du Japon (1,5%).

Les années 2000

Le revenu national brut de l'Ouganda était de 11,2 milliards de dollars par an dans les années 2000, au 109ème rang mondial. La part dans le monde était de 0,024% et de 1,0% en Afrique.

Le revenu national brut par habitant en Ouganda était de 408.3 dollars dans les années 2000, au 194ème rang mondial, à égalité avec le Togo (408,3 de dollars). Le revenu national brut par habitant en Ouganda était 17,5 fois inférieur le revenu national brut par habitant au Monde (7 165,2 US$), et 2,9 fois inférieur le RNB par habitant en Afrique (1 185,1 US$).

La croissance du revenu national brut en Ouganda était de 7.3% dans les années 2000, se classant au 24ème rang mondial. La croissance du revenu national brut en Ouganda (7,3%) a été supérieure à celle du monde (3,0%), et supérieure à celle de l'Afrique (5,1%).

Comparaison avec les voisins. Le RNB de l'Ouganda était supérieur à celui du Rwanda (3,1 milliards de dollars); mais inférieur à celui du Soudan (34,4 milliards de dollars), du Kenya (23,1 milliards de dollars), de la Tanzanie (18,5 milliards de dollars) et de la RDC (12,2 milliards de dollars). Le RNB par habitant en Ouganda était supérieur à celui du Rwanda (355,9 de dollars) et de la république démocratique du Congo (224,9 de dollars); mais inférieur à celui du Soudan (905,1 de dollars), du Kenya (637,2 de dollars) et de la Tanzanie (486,5 de dollars). La croissance du revenu national brut en Ouganda était supérieure à celle du Soudan (6,5%), de la Tanzanie (6,5%), du Kenya (3,7%) et de la république démocratique du Congo (3,2%); mais inférieure à celle du Rwanda (8,3%).

Comparaison avec les leaders. Le RNB de l'Ouganda était inférieur à celui des États-Unis (12,7 billions de dollars), du Japon (4,8 billions de dollars), de l'Allemagne (2,8 billions de dollars), de la Chine (2,6 billions de dollars) et du Royaume-Uni (2,3 billions de dollars). Le revenu national brut par habitant en Ouganda était inférieur à celui des États-Unis (43 177,4 de dollars), du Royaume-Uni (38 514,5 de dollars), du Japon (37 144,2 de dollars), de l'Allemagne (34 189,0 de dollars) et de la Chine (1 950,5 de dollars). La croissance du RNB en Ouganda était supérieure à celle des États-Unis (1,8%), du Royaume-Uni (1,7%), de l'Allemagne (1,0%) et du Japon (0,62%); mais inférieure à celle de la Chine (10,4%).

Les années 2010

Le revenu national brut de l'Ouganda était de 25,4 milliards de dollars par an dans les années 2010, se situant au 103ème rang mondial. La part dans le monde était de 0,033% et de 1,1% en Afrique.

Le RNB par habitant en Ouganda était de 668.6 dollars dans les années 2010, se situant au 197ème rang mondial, à égalité avec la Guinée-Bissau (669,4 de dollars), la Corée du Nord (657,3 de dollars). Le revenu national brut par habitant en Ouganda était 15,9 fois inférieur le RNB par habitant au Monde (10 611,7 US$), et 2,9 fois inférieur le RNB par habitant en Afrique (1 913,3 US$).

La croissance du revenu national brut en Ouganda était de 5.2% dans les années 2010, se classant au 43ème rang mondial, à égalité avec l'Asie du Sud-Est (5,2%), le Sénégal (5,2%), l'Asie (5,2%). La croissance du RNB en Ouganda (5,2%) a été supérieure à celle du monde (3,1%), et supérieure à celle de l'Afrique (2,9%).

Comparaison avec les voisins. Le revenu national brut de l'Ouganda était 3,1 fois supérieur à celui du Rwanda (8,1 milliards de dollars); mais 2,7 fois inférieur à celui du Soudan (67,3 milliards de dollars), 2,5 fois inférieur à celui du Kenya (63,6 milliards de dollars), 46,5% inférieur à celui de la Tanzanie (47,4 milliards de dollars) et 26,5% inférieur à celui de la RDC (34,5 milliards de dollars). Le RNB par habitant en Ouganda était 45,9% supérieur à celui de la république démocratique du Congo (458,4 de dollars); mais 2,6 fois inférieur à celui du Soudan (1 745,6 de dollars), 2,0 fois inférieur à celui du Kenya (1 344,4 de dollars), 28,2% inférieur à celui de la Tanzanie (931,2 de dollars) et 7,4% inférieur à celui du Rwanda (722,4 de dollars). La croissance du RNB en Ouganda était supérieure à celle du Soudan (4,0%); mais inférieure à celle du Rwanda (6,9%), de la Tanzanie (6,6%), de la république démocratique du Congo (6,5%) et du Kenya (5,6%).

Comparaison avec les leaders. Le RNB de l'Ouganda était 722,1 fois inférieur à celui des États-Unis (18,3 billions de dollars), 412,9 fois inférieur à celui de la Chine (10,5 billions de dollars), 213,0 fois inférieur à celui du Japon (5,4 billions de dollars), 147,9 fois inférieur à celui de l'Allemagne (3,7 billions de dollars) et 108,3 fois inférieur à celui de la France (2,7 billions de dollars). Le revenu national brut par habitant en Ouganda était 85,7 fois inférieur à celui des États-Unis (57 299,9 de dollars), 68,5 fois inférieur à celui de l'Allemagne (45 801,3 de dollars), 63,1 fois inférieur à celui du Japon (42 204,7 de dollars), 61,9 fois inférieur à celui de la France (41 404,4 de dollars) et 11,2 fois inférieur à celui de la Chine (7 463,8 de dollars). La croissance du RNB en Ouganda était supérieure à celle des États-Unis (2,5%), de l'Allemagne (2,0%), du Japon (1,4%) et de la France (1,4%); mais inférieure à celle de la Chine (7,7%).

Partie II. Structure

	Les années 2010
agriculture	26,0%
industrie	14,4%
construction	8,0%
commerce	17,3%
transport	6,4%
services	28,0%

Chapitre IV. Agriculture

Agriculture, chasse, sylviculture et pêche (ISIC A-B)

L'agriculture de l'Ouganda est passé de 1,1 milliards de dollars par an dans les années 1970 à 6,2 milliards de dollars par an dans les années 2010, c'est-à-dire 5,2 milliards de dollars ou de 5,9 fois. La variation a été de 3,5 milliards de dollars en raison de l'augmentation de 2,3 fois des prix, et de -1,0 milliards de dollars en raison de la baisse de productivité de 1,4 fois, et de 2,7 milliards de dollars en raison de la croissance démographique. La croissance annuelle moyenne de l'agriculture était de 2,3%. La valeur minimale était de 616,4 millions de dollars en 1970. La valeur maximale était de 7,0 milliards de dollars en 2014.

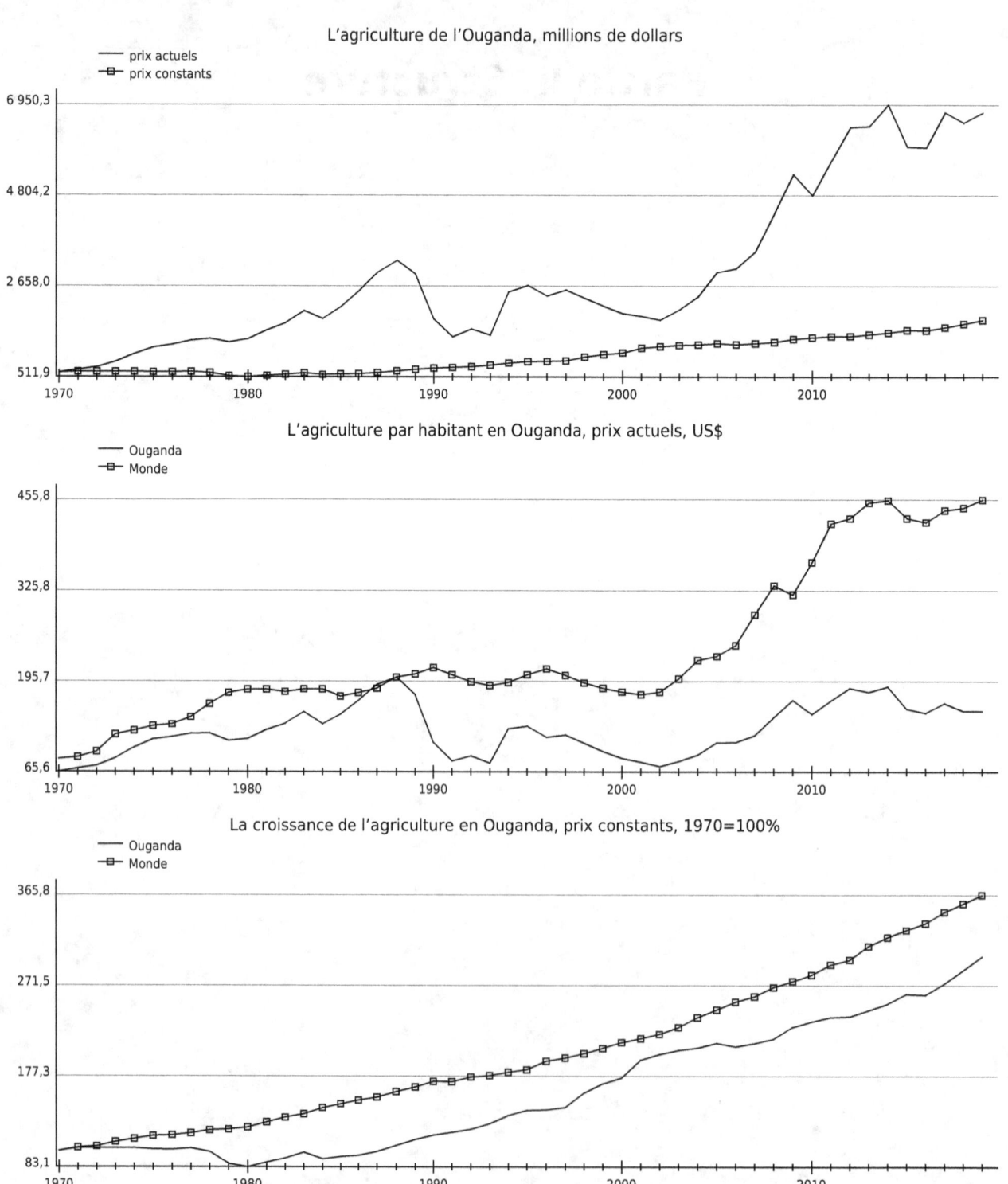

Chapitre IV. Agriculture

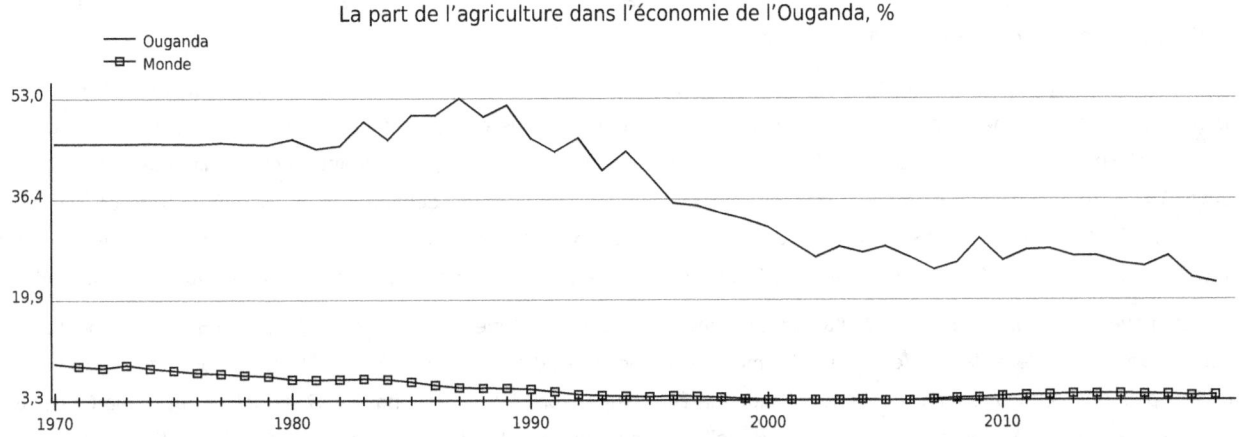

Les années 1970

Le secteur de l'agriculture en Ouganda était de 1,1 milliards de dollars par an dans les années 1970, se situant au 64ème rang mondial. La part dans le monde était de 0,20% et de 2,3% en Afrique.

La part de l'agriculture dans l'économie de l'Ouganda était de 45,6% dans les années 1970, se situant au 12ème rang mondial, à égalité avec les Tonga (45,4%).

L'agriculture par habitant en Ouganda était de 98.9 dollars dans les années 1970, se classant au 102ème rang mondial, à égalité avec Madagascar (99,7 de dollars), la Jamaïque (97,6 dollars), le Pérou (100,6 de dollars). L'agriculture par habitant en Ouganda était 22,5% inférieure l'agriculture par habitant au Monde (127,6 US$), et 11,8% inférieure l'agriculture par habitant en Afrique (112,2 US$).

La croissance de l'agriculture en Ouganda était de -1.6% dans les années 1970, au 173ème rang mondial, à égalité avec la Barbade (-1,7%). La croissance de l'agriculture en Ouganda (-1,6%) a été inférieure à celle du monde (2,2%), et inférieure à celle de l'Afrique (1,7%).

Comparaison avec les voisins. La valeur ajoutée de l'agriculture en Ouganda était supérieure à celle de la Tanzanie (825,4 millions de dollars) et du Rwanda (330,0 millions de dollars); mais inférieure à celle de la république démocratique du Congo (2,2 milliards de dollars), du Kenya (1,6 milliards de dollars) et du Soudan (1,1 milliards de dollars). L'agriculture par habitant en Ouganda était supérieure à celle de la RDC (96,0 de dollars), du Rwanda (76,2 de dollars), du Soudan (70,8 de dollars) et de la Tanzanie (52,7 de dollars); mais inférieure à celle du Kenya (116,4 de dollars). La croissance de l'agriculture en Ouganda était inférieure à celle du Rwanda (7,0%), du Kenya (4,1%), de la Tanzanie (1,9%), du Soudan (1,8%) et de la RDC (1,6%).

Comparaison avec les leaders. Le secteur de l'agriculture en Ouganda était inférieur à celui de l'URSS (88,7 milliards de dollars), de la Chine (49,5 milliards de dollars), des États-Unis (42,6 milliards de dollars), de l'Inde (36,0 milliards de dollars) et du Japon (25,8 milliards de dollars). L'agriculture par habitant en Ouganda était supérieure à celle de l'Inde (58,3 de dollars) et de la Chine (54,2 de dollars); mais inférieure à celle de l'URSS (351,8 de dollars), du Japon (231,3 de dollars) et des États-Unis (195,0 de dollars). La croissance de l'agriculture en Ouganda était inférieure à celle de l'URSS (7,0%), de la Chine (2,4%), du Japon (0,52%), des États-Unis (0,34%) et de l'Inde (0,30%).

Les années 1980

La valeur ajoutée de l'agriculture en Ouganda était de 2,3 milliards de dollars par an dans les années 1980, au 63ème rang mondial à égalité avec la Bulgarie (2,3 milliards de dollars), le Pérou (2,2 milliards de dollars). La part dans le monde était de 0,25% et de 2,6% en Afrique.

La part de l'agriculture dans l'économie de l'Ouganda était de 49,1% dans les années 1980, au 8ème rang mondial, à égalité avec le Malawi (48,9%).

L'agriculture par habitant en Ouganda était de 156.7 dollars dans les années 1980, au 106ème rang mondial, à égalité avec la Tunisie (156,7 de dollars), la République centrafricaine (156,6 de dollars), l'Afrique (159,2 de dollars). L'agriculture par habitant en Ouganda était 16,0% inférieure l'agriculture par habitant au Monde (186,6 US$), et 1,5% inférieure l'agriculture par habitant en Afrique (159,2 US$).

La croissance de l'agriculture en Ouganda était de 2.6% dans les années 1980, se classant au 87ème rang mondial, à égalité avec la

Polynésie (2,6%), la Belgique (2,6%), la Guinée (2,6%). La croissance de l'agriculture en Ouganda (2,6%) a été inférieure à celle du monde (3,1%), et inférieure à celle de l'Afrique (2,8%).

Comparaison avec les voisins. Le secteur de l'agriculture en Ouganda était supérieur à celui de la Tanzanie (2,2 milliards de dollars) et du Rwanda (850,0 millions de dollars); mais inférieur à celui de la république démocratique du Congo (3,1 milliards de dollars), du Soudan (2,9 milliards de dollars) et du Kenya (2,8 milliards de dollars). L'agriculture par habitant en Ouganda était supérieure à celle du Kenya (145,3 de dollars), du Rwanda (138,7 de dollars), du Soudan (132,2 de dollars), de la RDC (104,8 de dollars) et de la Tanzanie (102,6 de dollars). La croissance de l'agriculture en Ouganda était supérieure à celle de la république démocratique du Congo (2,6%), du Rwanda (0,60%) et du Soudan (0,065%); mais inférieure à celle de la Tanzanie (3,8%) et du Kenya (3,7%).

Comparaison avec les leaders. La valeur de l'agriculture en Ouganda était inférieure à celle de l'URSS (125,8 milliards de dollars), de la Chine (94,9 milliards de dollars), de l'Inde (70,4 milliards de dollars), des États-Unis (68,7 milliards de dollars) et du Japon (49,7 milliards de dollars). L'agriculture par habitant en Ouganda était supérieure à celle de l'Inde (90,7 de dollars) et de la Chine (88,5 de dollars); mais inférieure à celle de l'URSS (457,2 de dollars), du Japon (410,0 de dollars) et des États-Unis (286,8 de dollars). La croissance de l'agriculture en Ouganda était supérieure à celle du Japon (0,41%); mais inférieure à celle de la Chine (5,3%), de l'Inde (4,4%), des États-Unis (3,7%) et de l'URSS (2,8%).

Les années 1990

L'agriculture de l'Ouganda était de 2,1 milliards de dollars par an dans les années 1990, au 71ème rang mondial à égalité avec la Tchéquie (2,1 milliards de dollars), la Tunisie (2,2 milliards de dollars). La part dans le monde était de 0,19% et de 2,2% en Afrique.

La part de l'agriculture dans l'économie de l'Ouganda était de 39,0% dans les années 1990, au 22ème rang mondial.

L'agriculture par habitant en Ouganda était de 105.4 dollars dans les années 1990, au 170ème rang mondial, à égalité avec l'Asie du Sud (104,1 de dollars), le Liberia (106,8 de dollars), le Bénin (107,3 de dollars). L'agriculture par habitant en Ouganda était 47,3% inférieure l'agriculture par habitant au Monde (199,8 US$), et 21,7% inférieure l'agriculture par habitant en Afrique (134,5 US$).

La croissance de l'agriculture en Ouganda était de 4.3% dans les années 1990, se classant au 36ème rang mondial, à égalité avec la Chine (4,3%). La croissance de l'agriculture en Ouganda (4,3%) a été supérieure à celle du monde (2,2%), et supérieure à celle de l'Afrique (2,8%).

Comparaison avec les voisins. La valeur ajoutée de l'agriculture en Ouganda était supérieure à celle du Rwanda (682,2 millions de dollars); mais inférieure à celle de la RDC (5,2 milliards de dollars), du Soudan (4,4 milliards de dollars), du Kenya (3,1 milliards de dollars) et de la Tanzanie (2,3 milliards de dollars). L'agriculture par habitant en Ouganda était supérieure à celle du Rwanda (103,3 de dollars) et de la Tanzanie (79,5 de dollars); mais inférieure à celle du Soudan (153,4 de dollars), de la RDC (129,1 de dollars) et du Kenya (112,2 de dollars). La croissance de l'agriculture en Ouganda était supérieure à celle de la RDC (2,1%), du Kenya (2,0%) et du Rwanda (-0,70%); mais inférieure à celle du Soudan (9,1%) et de la Tanzanie (4,7%).

Comparaison avec les leaders. Le secteur de l'agriculture en Ouganda était inférieur à celui de la Chine (139,0 milliards de dollars), des États-Unis (96,1 milliards de dollars), de l'Inde (91,4 milliards de dollars), du Japon (78,9 milliards de dollars) et du Brésil (36,8 milliards de dollars). L'agriculture par habitant en Ouganda était supérieure à celle de l'Inde (95,6 de dollars); mais inférieure à celle du Japon (625,5 de dollars), des États-Unis (363,4 de dollars), du Brésil (228,7 de dollars) et de la Chine (112,7 de dollars). La croissance de l'agriculture en Ouganda était supérieure à celle du Brésil (3,0%), de l'Inde (2,8%), des États-Unis (2,6%) et du Japon (-1,8%); mais inférieure à celle de la Chine (4,3%).

Les années 2000

La valeur ajoutée de l'agriculture en Ouganda était de 3,0 milliards de dollars par an dans les années 2000, se situant au 67ème rang mondial. La part dans le monde était de 0,19% et de 1,8% en Afrique.

La part de l'agriculture dans l'économie de l'Ouganda était de 27,8% dans les années 2000, au 29ème rang mondial, à égalité avec le Tchad (27,8%).

L'agriculture par habitant en Ouganda était de 107.9 dollars dans les années 2000, se situant au 179ème rang mondial, à égalité avec le Népal (108,8 de dollars), le Malawi (106,1 de dollars), Curaçao (110,0 de dollars). L'agriculture par habitant en Ouganda était 2,2 fois inférieure l'agriculture par habitant au Monde (240,3 US$), et 40,7% inférieure l'agriculture par habitant en Afrique (182,0 US$).

La croissance de l'agriculture en Ouganda était de 3% dans les années 2000, se classant au 76ème rang mondial, à égalité avec

Chapitre IV. Agriculture

l'Estonie (3,0%). La croissance de l'agriculture en Ouganda (3,0%) a été supérieure à celle du monde (3,0%), et inférieure à celle de l'Afrique (5,1%).

Comparaison avec les voisins. La valeur ajoutée de l'agriculture en Ouganda était supérieure à celle du Rwanda (914,6 millions de dollars); mais inférieure à celle du Soudan (12,4 milliards de dollars), du Kenya (5,1 milliards de dollars), de la Tanzanie (4,7 milliards de dollars) et de la république démocratique du Congo (3,1 milliards de dollars). L'agriculture par habitant en Ouganda était supérieure à celle du Rwanda (103,6 de dollars) et de la république démocratique du Congo (56,5 de dollars); mais inférieure à celle du Soudan (326,8 de dollars), du Kenya (141,6 de dollars) et de la Tanzanie (123,0 de dollars). La croissance de l'agriculture en Ouganda était supérieure à celle du Kenya (1,7%) et de la RDC (-0,12%); mais inférieure à celle du Rwanda (5,7%), du Soudan (4,5%) et de la Tanzanie (4,5%).

Comparaison avec les leaders. Le secteur de l'agriculture en Ouganda était inférieur à celui de la Chine (297,7 milliards de dollars), de l'Inde (147,6 milliards de dollars), des États-Unis (122,5 milliards de dollars), du Japon (57,1 milliards de dollars) et du Nigeria (47,6 milliards de dollars). L'agriculture par habitant en Ouganda était inférieure à celle du Japon (445,6 de dollars), des États-Unis (416,9 de dollars), du Nigeria (346,4 de dollars), de la Chine (224,5 de dollars) et de l'Inde (129,7 de dollars). La croissance de l'agriculture en Ouganda était supérieure à celle de l'Inde (2,0%) et du Japon (-1,3%); mais inférieure à celle du Nigeria (10,1%), de la Chine (4,0%) et des États-Unis (3,6%).

Les années 2010

La valeur de l'agriculture en Ouganda était de 6,2 milliards de dollars par an dans les années 2010, se classant au 59ème rang mondial à égalité avec la Syrie (6,3 milliards de dollars), le Népal (6,3 milliards de dollars), la Finlande (6,1 milliards de dollars). La part dans le monde était de 0,20% et de 1,8% en Afrique.

La part de l'agriculture dans l'économie de l'Ouganda était de 26,0% dans les années 2010, au 28ème rang mondial, à égalité avec la Gambie (26,2%).

L'agriculture par habitant en Ouganda était de 164 dollars dans les années 2010, se classant au 177ème rang mondial, à égalité avec le Botswana (164,2 de dollars), le Burkina Faso (167,5 de dollars), le Kirghizistan (167,6 de dollars). L'agriculture par habitant en Ouganda était 2,6 fois inférieure l'agriculture par habitant au Monde (432,1 US$), et 44,3% inférieure l'agriculture par habitant en Afrique (294,3 US$).

La croissance de l'agriculture en Ouganda était de 2.8% dans les années 2010, se situant au 75ème rang mondial, à égalité avec le Guyana (2,8%), les Seychelles (2,8%). La croissance de l'agriculture en Ouganda (2,8%) a été inférieure à celle du monde (2,9%), et inférieure à celle de l'Afrique (3,7%).

Comparaison avec les voisins. L'agriculture de l'Ouganda était 3,0 fois supérieure à celle du Rwanda (2,0 milliards de dollars); mais 3,3 fois inférieure à celle du Soudan (20,4 milliards de dollars), 3,2 fois inférieure à celle du Kenya (19,6 milliards de dollars), 2,1 fois inférieure à celle de la Tanzanie (12,9 milliards de dollars) et 10,8% inférieure à celle de la RDC (7,0 milliards de dollars). L'agriculture par habitant en Ouganda était 77,1% supérieure à celle de la république démocratique du Congo (92,6 de dollars); mais 3,2 fois inférieure à celle du Soudan (530,1 de dollars), 2,5 fois inférieure à celle du Kenya (415,4 de dollars), 35,1% inférieure à celle de la Tanzanie (252,8 de dollars) et 9,8% inférieure à celle du Rwanda (181,8 de dollars). La croissance de l'agriculture en Ouganda était inférieure à celle du Rwanda (5,1%), du Kenya (4,6%), de la Tanzanie (4,5%), du Soudan (4,0%) et de la république démocratique du Congo (3,4%).

Comparaison avec les leaders. La valeur de l'agriculture en Ouganda était 142,5 fois inférieure à celle de la Chine (886,2 milliards de dollars), 58,4 fois inférieure à celle de l'Inde (363,4 milliards de dollars), 29,0 fois inférieure à celle des États-Unis (180,3 milliards de dollars), 19,9 fois inférieure à celle de l'Indonésie (124,1 milliards de dollars) et 15,4 fois inférieure à celle du Nigeria (95,8 milliards de dollars). L'agriculture par habitant en Ouganda était 3,9 fois inférieure à celle de la Chine (631,9 de dollars), 3,4 fois inférieure à celle des États-Unis (564,3 de dollars), 3,3 fois inférieure à celle du Nigeria (534,6 de dollars), 2,9 fois inférieure à celle de l'Indonésie (483,6 de dollars) et 41,2% inférieure à celle de l'Inde (279,1 de dollars). La croissance de l'agriculture en Ouganda était supérieure à celle des États-Unis (2,0%); mais inférieure à celle de l'Inde (4,1%), de l'Indonésie (3,9%), de la Chine (3,8%) et du Nigeria (3,6%).

Chapitre V. Industrie

Exploitation minière, fabrication, services publics (ISIC C-E)

L'industrie de l'Ouganda est passé de 238,1 millions de dollars par an dans les années 1970 à 3,4 milliards de dollars par an dans les années 2010, c'est-à-dire 3,2 milliards de dollars ou de 14,5 fois. La variation a été de 1,5 milliards de dollars en raison de l'augmentation de 1,7 fois des prix, et de 1,1 milliards de dollars en raison de la croissance de productivité de 2,3 fois, et de 609,0 millions de dollars en raison de la croissance démographique. La croissance annuelle moyenne de l'industrie était de 5,0%. La valeur minimale était de 139,0 millions de dollars en 1970. La valeur maximale était de 4,4 milliards de dollars en 2019.

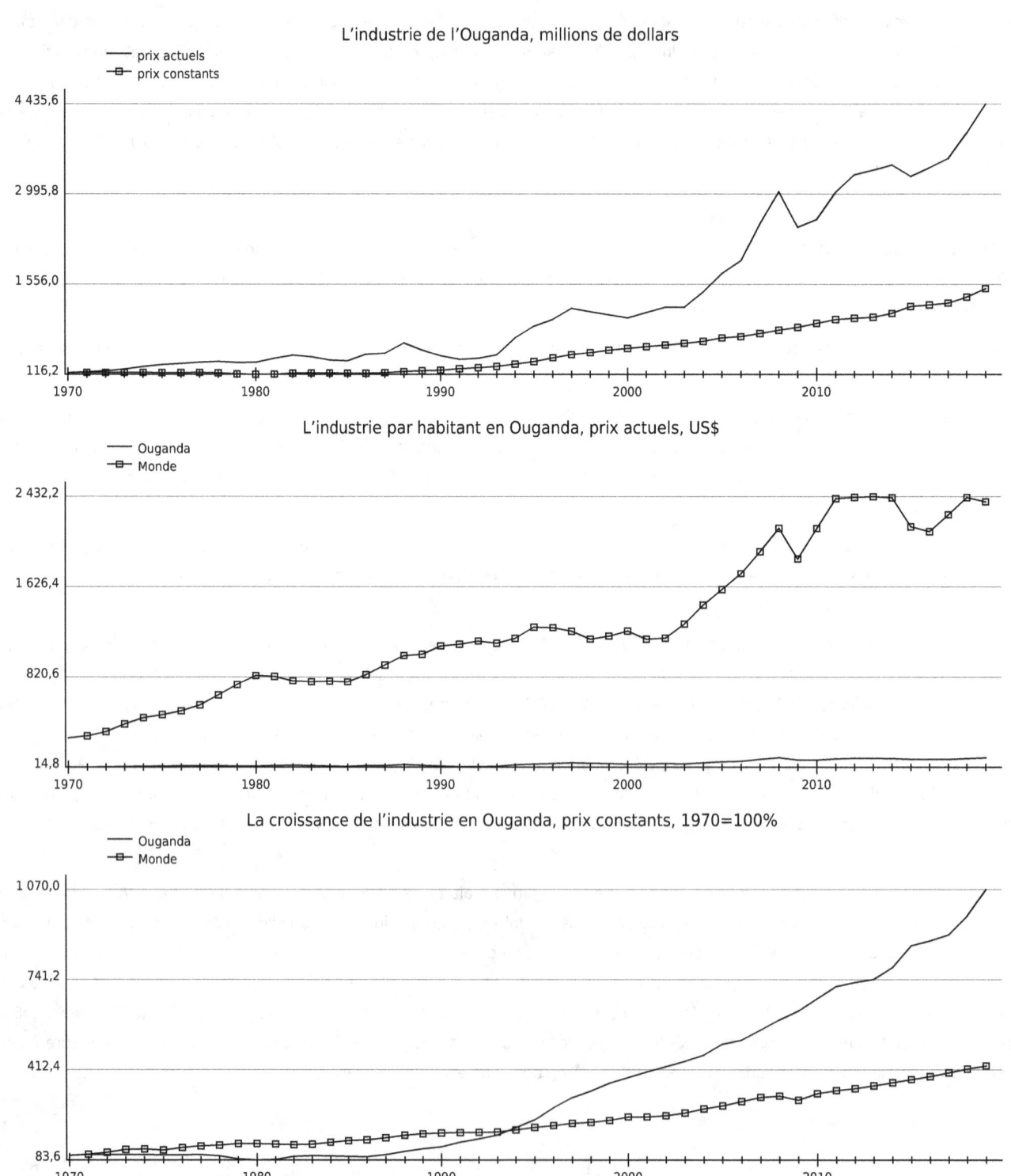

Chapitre V. Industrie

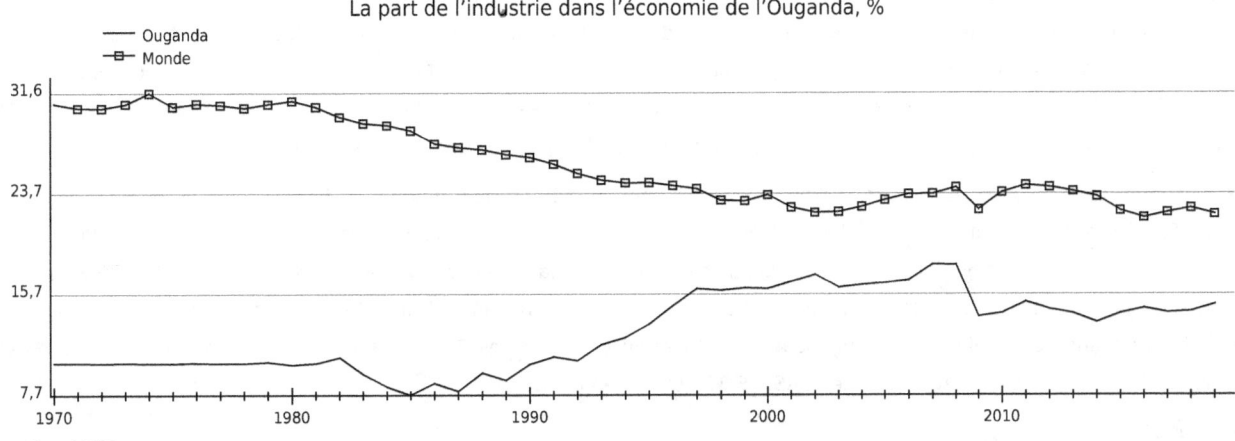

La part de l'industrie dans l'économie de l'Ouganda, %

Les années 1970

L'industrie de l'Ouganda était de 238,1 millions de dollars par an dans les années 1970, au 109ème rang mondial. La part dans le monde était de 0,012% et de 0,32% en Afrique.

La part de l'industrie dans l'économie de l'Ouganda était de 10,3% dans les années 1970, au 149ème rang mondial, à égalité avec la Birmanie (10,3%).

L'industrie par habitant en Ouganda était de 22.3 dollars dans les années 1970, au 162ème rang mondial. L'industrie par habitant en Ouganda était 21,5 fois inférieure l'industrie par habitant au Monde (480,5 US$), et 8,1 fois inférieure l'industrie par habitant en Afrique (181,2 US$).

La croissance de l'industrie en Ouganda était de -1.6% dans les années 1970, au 173ème rang mondial. La croissance de l'industrie en Ouganda (-1,6%) a été inférieure à celle du monde (4,0%), et inférieure à celle de l'Afrique (5,5%).

Comparaison avec les voisins. La valeur ajoutée de l'industrie en Ouganda était supérieure à celle du Rwanda (58,4 millions de dollars); mais inférieure à celle de la RDC (2,2 milliards de dollars), du Kenya (1,1 milliards de dollars), de la Tanzanie (638,0 millions de dollars) et du Soudan (319,5 millions de dollars). L'industrie par habitant en Ouganda était supérieure à celle du Soudan (20,0 de dollars) et du Rwanda (13,5 de dollars); mais inférieure à celle de la RDC (98,7 de dollars), du Kenya (84,1 de dollars) et de la Tanzanie (40,7 de dollars). La croissance de l'industrie en Ouganda était inférieure à celle du Kenya (9,6%), de la Tanzanie (3,7%), du Rwanda (3,4%), du Soudan (2,9%) et de la RDC (-0,96%).

Comparaison avec les leaders. La valeur de l'industrie en Ouganda était inférieure à celle des États-Unis (450,4 milliards de dollars), de l'URSS (248,8 milliards de dollars), du Japon (185,6 milliards de dollars), de l'Allemagne (158,4 milliards de dollars) et du Royaume-Uni (72,6 milliards de dollars). L'industrie par habitant en Ouganda était inférieure à celle des États-Unis (2 063,8 de dollars), de l'Allemagne (2 011,9 de dollars), du Japon (1 666,5 de dollars), du Royaume-Uni (1 295,1 de dollars) et de l'URSS (986,6 de dollars). La croissance de l'industrie en Ouganda était inférieure à celle de l'URSS (5,2%), du Japon (4,5%), des États-Unis (2,4%), de l'Allemagne (2,1%) et du Royaume-Uni (1,9%).

Les années 1980

Le secteur de l'industrie en Ouganda était de 419,2 millions de dollars par an dans les années 1980, se classant au 115ème rang mondial à égalité avec d'Haïti (415,1 millions de dollars). La part dans le monde était de 0,010% et de 0,27% en Afrique.

La part de l'industrie dans l'économie de l'Ouganda était de 9,1% dans les années 1980, au 157ème rang mondial, à égalité avec le Tchad (9,1%).

L'industrie par habitant en Ouganda était de 29 dollars dans les années 1980, se situant au 172ème rang mondial, à égalité avec le Lesotho (28,5 de dollars). L'industrie par habitant en Ouganda était 29,7 fois inférieure l'industrie par habitant au Monde (861,8 US$), et 9,9 fois inférieure l'industrie par habitant en Afrique (288,5 US$).

La croissance de l'industrie en Ouganda était de 3.6% dans les années 1980, au 72ème rang mondial, à égalité avec les Palaos (3,6%). La croissance de l'industrie en Ouganda (3,6%) a été supérieure à celle du monde (2,3%), et supérieure à celle de l'Afrique (-0,99%).

Comparaison avec les voisins. Le secteur de l'industrie en Ouganda était supérieur à celui du Rwanda (241,3 millions de dollars); mais inférieur à celui de la république démocratique du Congo (2,7 milliards de dollars), du Kenya (2,2 milliards de dollars), de la Tanzanie (942,2 millions de dollars) et du Soudan (691,8 millions de dollars). L'industrie par habitant en Ouganda était inférieure à celle du Kenya (114,5 de dollars), de la république démocratique du Congo (90,8 de dollars), de la Tanzanie (44,1 de dollars), du Rwanda (39,4 de dollars) et du Soudan (31,4 de dollars). La croissance de l'industrie en Ouganda était supérieure à celle de la RDC (1,8%) et de la Tanzanie (-1,4%); mais inférieure à celle du Rwanda (6,4%), du Kenya (3,9%) et du Soudan (3,7%).

Comparaison avec les leaders. Le secteur de l'industrie en Ouganda était inférieur à celui des États-Unis (1,0 billions de dollars), du Japon (566,4 milliards de dollars), de l'URSS (305,7 milliards de dollars), de l'Allemagne (297,5 milliards de dollars) et du Royaume-Uni (171,2 milliards de dollars). L'industrie par habitant en Ouganda était inférieure à celle du Japon (4 670,2 de dollars), des États-Unis (4 176,6 de dollars), de l'Allemagne (3 812,7 de dollars), du Royaume-Uni (3 032,7 de dollars) et de l'URSS (1 110,8 de dollars). La croissance de l'industrie en Ouganda était supérieure à celle des États-Unis (1,9%), du Royaume-Uni (1,4%) et de l'Allemagne (1,2%); mais inférieure à celle de l'URSS (5,3%) et du Japon (4,2%).

Les années 1990

La valeur ajoutée de l'industrie en Ouganda était de 750,1 millions de dollars par an dans les années 1990, au 121ème rang mondial à égalité avec la Namibie (757,8 millions de dollars). La part dans le monde était de 0,011% et de 0,48% en Afrique.

La part de l'industrie dans l'économie de l'Ouganda était de 13,8% dans les années 1990, se situant au 156ème rang mondial.

L'industrie par habitant en Ouganda était de 37.3 dollars dans les années 1990, se classant au 192ème rang mondial, à égalité avec le Mali (36,9 de dollars). L'industrie par habitant en Ouganda était 31,5 fois inférieure l'industrie par habitant au Monde (1 175,6 US$), et 6,0 fois inférieure l'industrie par habitant en Afrique (222,8 US$).

La croissance de l'industrie en Ouganda était de 11.4% dans les années 1990, au 14ème rang mondial. La croissance de l'industrie en Ouganda (11,4%) a été supérieure à celle du monde (2,5%), et supérieure à celle de l'Afrique (1,3%).

Comparaison avec les voisins. L'industrie de l'Ouganda était supérieure à celle du Rwanda (267,4 millions de dollars); mais inférieure à celle du Kenya (2,3 milliards de dollars), de la république démocratique du Congo (1,9 milliards de dollars), de la Tanzanie (1,3 milliards de dollars) et du Soudan (775,3 millions de dollars). L'industrie par habitant en Ouganda était supérieure à celle du Soudan (26,8 de dollars); mais inférieure à celle du Kenya (84,0 de dollars), de la république démocratique du Congo (47,4 de dollars), de la Tanzanie (43,2 de dollars) et du Rwanda (40,5 de dollars). La croissance de l'industrie en Ouganda était supérieure à celle du Soudan (10,0%), de la Tanzanie (6,3%), du Kenya (1,5%), du Rwanda (-0,59%) et de la république démocratique du Congo (-11,2%).

Comparaison avec les leaders. Le secteur de l'industrie en Ouganda était inférieur à celui des États-Unis (1,5 billions de dollars), du Japon (1,2 billions de dollars), de l'Allemagne (534,0 milliards de dollars), de la Chine (285,9 milliards de dollars) et du Royaume-Uni (268,6 milliards de dollars). L'industrie par habitant en Ouganda était inférieure à celle du Japon (9 400,9 de dollars), de l'Allemagne (6 621,6 de dollars), des États-Unis (5 704,4 de dollars), du Royaume-Uni (4 639,8 de dollars) et de la Chine (231,9 de dollars). La croissance de l'industrie en Ouganda était supérieure à celle des États-Unis (2,8%), du Japon (1,3%), du Royaume-Uni (1,2%) et de l'Allemagne (0,33%); mais inférieure à celle de la Chine (13,1%).

Les années 2000

La valeur ajoutée de l'industrie en Ouganda était de 1,8 milliards de dollars par an dans les années 2000, se classant au 116ème rang mondial à égalité avec le Zimbabwe (1,7 milliards de dollars). La part dans le monde était de 0,017% et de 0,55% en Afrique.

La part de l'industrie dans l'économie de l'Ouganda était de 16,6% dans les années 2000, se classant au 136ème rang mondial, à égalité avec l'Est (16,5%), le Royaume-Uni (16,5%), la Palestine (16,5%).

L'industrie par habitant en Ouganda était de 64.4 dollars dans les années 2000, se classant au 190ème rang mondial, à égalité avec la République centrafricaine (63,6 de dollars), l'Est (65,3 de dollars), la république démocratique du Congo (63,0 de dollars). L'industrie par habitant en Ouganda était 24,4 fois inférieure l'industrie par habitant au Monde (1 573,8 US$), et 5,5 fois inférieure l'industrie par habitant en Afrique (352,5 US$).

La croissance de l'industrie en Ouganda était de 5.6% dans les années 2000, se classant au 38ème rang mondial. La croissance de l'industrie en Ouganda (5,6%) a été supérieure à celle du monde (2,9%), et supérieure à celle de l'Afrique (3,1%).

Comparaison avec les voisins. La valeur ajoutée de l'industrie en Ouganda était supérieure à celle du Rwanda (347,7 millions de dollars); mais inférieure à celle du Soudan (7,1 milliards de dollars), du Kenya (3,5 milliards de dollars), de la république

Chapitre V. Industrie

démocratique du Congo (3,4 milliards de dollars) et de la Tanzanie (2,6 milliards de dollars). L'industrie par habitant en Ouganda était supérieure à celle de la république démocratique du Congo (63,0 de dollars) et du Rwanda (39,4 de dollars); mais inférieure à celle du Soudan (185,3 de dollars), du Kenya (97,5 de dollars) et de la Tanzanie (69,4 de dollars). La croissance de l'industrie en Ouganda était supérieure à celle du Rwanda (5,2%), de la RDC (3,1%) et du Kenya (3,1%); mais inférieure à celle du Soudan (16,5%) et de la Tanzanie (7,9%).

Comparaison avec les leaders. La valeur ajoutée de l'industrie en Ouganda était inférieure à celle des États-Unis (2,1 billions de dollars), du Japon (1,1 billions de dollars), de la Chine (1,1 billions de dollars), de l'Allemagne (629,4 milliards de dollars) et du Royaume-Uni (345,1 milliards de dollars). L'industrie par habitant en Ouganda était inférieure à celle du Japon (8 848,8 de dollars), de l'Allemagne (7 732,1 de dollars), des États-Unis (7 144,5 de dollars), du Royaume-Uni (5 710,8 de dollars) et de la Chine (795,3 de dollars). La croissance de l'industrie en Ouganda était supérieure à celle des États-Unis (1,5%), de l'Allemagne (0,19%), du Japon (0,15%) et du Royaume-Uni (-1,1%); mais inférieure à celle de la Chine (11,1%).

Les années 2010

La valeur de l'industrie en Ouganda était de 3,4 milliards de dollars par an dans les années 2010, se classant au 118ème rang mondial à égalité avec la Bosnie-Herzégovine (3,4 milliards de dollars), la Mongolie (3,5 milliards de dollars). La part dans le monde était de 0,020% et de 0,60% en Afrique.

La part de l'industrie dans l'économie de l'Ouganda était de 14,4% dans les années 2010, se classant au 143ème rang mondial, à égalité avec le Royaume-Uni (14,5%), la Géorgie (14,3%).

L'industrie par habitant en Ouganda était de 90.8 dollars dans les années 2010, au 195ème rang mondial, à égalité avec le Niger (92,9 de dollars). L'industrie par habitant en Ouganda était 25,6 fois inférieure l'industrie par habitant au Monde (2 320,9 US$), et 5,4 fois inférieure l'industrie par habitant en Afrique (489,1 US$).

La croissance de l'industrie en Ouganda était de 5.5% dans les années 2010, se situant au 46ème rang mondial, à égalité avec la Slovaquie (5,5%), le Maroc (5,5%), l'Asie (5,6%). La croissance de l'industrie en Ouganda (5,5%) a été supérieure à celle du monde (3,5%), et supérieure à celle de l'Afrique (0,035%).

Comparaison avec les voisins. La valeur de l'industrie en Ouganda était 3,8 fois supérieure à celle du Rwanda (896,9 millions de dollars); mais 4,2 fois inférieure à celle de la RDC (14,4 milliards de dollars), 3,1 fois inférieure à celle du Soudan (10,7 milliards de dollars), 2,3 fois inférieure à celle du Kenya (7,9 milliards de dollars) et 49,1% inférieure à celle de la Tanzanie (6,8 milliards de dollars). L'industrie par habitant en Ouganda était 14,1% supérieure à celle du Rwanda (79,6 de dollars); mais 3,1 fois inférieure à celle du Soudan (278,7 de dollars), 2,1 fois inférieure à celle de la république démocratique du Congo (190,9 de dollars), 45,9% inférieure à celle du Kenya (167,8 de dollars) et 31,7% inférieure à celle de la Tanzanie (132,9 de dollars). La croissance de l'industrie en Ouganda était supérieure à celle du Kenya (4,6%) et du Soudan (-1,5%); mais inférieure à celle de la RDC (10,9%), de la Tanzanie (7,1%) et du Rwanda (6,8%).

Comparaison avec les leaders. L'industrie de l'Ouganda était 1 069,9 fois inférieure à celle de la Chine (3,7 billions de dollars), 796,4 fois inférieure à celle des États-Unis (2,7 billions de dollars), 345,8 fois inférieure à celle du Japon (1,2 billions de dollars), 244,0 fois inférieure à celle de l'Allemagne (840,0 milliards de dollars) et 128,8 fois inférieure à celle de l'Inde (443,4 milliards de dollars). L'industrie par habitant en Ouganda était 113,0 fois inférieure à celle de l'Allemagne (10 261,3 de dollars), 102,5 fois inférieure à celle du Japon (9 305,3 de dollars), 94,5 fois inférieure à celle des États-Unis (8 581,2 de dollars), 28,9 fois inférieure à celle de la Chine (2 626,2 de dollars) et 3,8 fois inférieure à celle de l'Inde (340,6 de dollars). La croissance de l'industrie en Ouganda était supérieure à celle de l'Allemagne (3,2%), du Japon (2,6%) et des États-Unis (2,2%); mais inférieure à celle de la Chine (7,5%) et de l'Inde (6,5%).

Chapitre 5.1. Fabrication

(ISIC D)

La fabrication de l'Ouganda est passé de 180,7 millions de dollars par an dans les années 1970 à 2,4 milliards de dollars par an dans les années 2010, c'est-à-dire 2,2 milliards de dollars ou de 13,1 fois. La variation a été de 766,9 millions de dollars en raison de l'augmentation de 1,5 fois des prix, et de 962,1 millions de dollars en raison de la croissance de productivité de 2,5 fois, et de 462,1 millions de dollars en raison de la croissance démographique. La croissance annuelle moyenne de la fabrication était de 4,9%. La valeur minimale était de 105,5 millions de dollars en 1970. La valeur maximale était de 2,9 milliards de dollars en 2019.

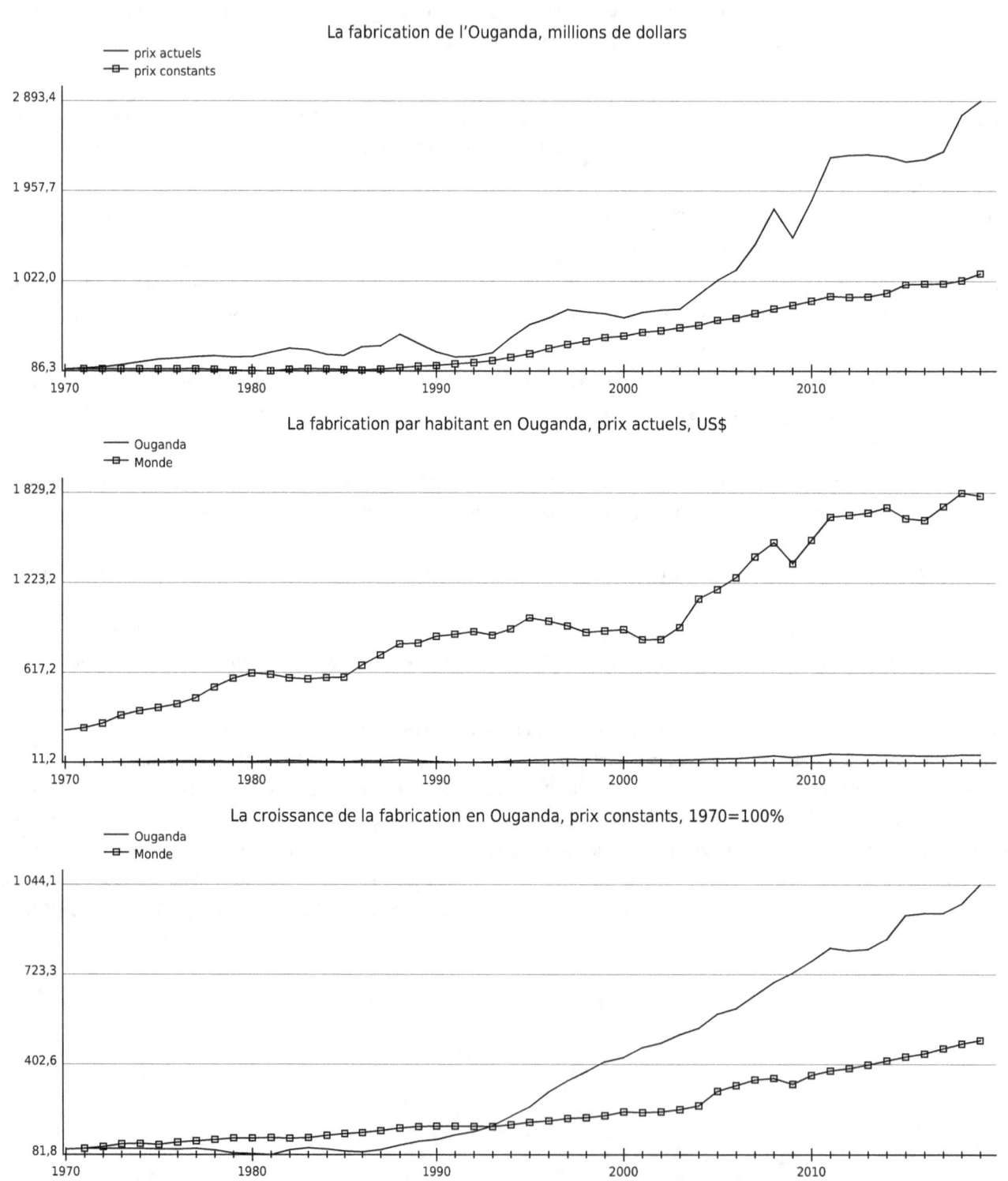

Chapitre 5.1. Fabrication

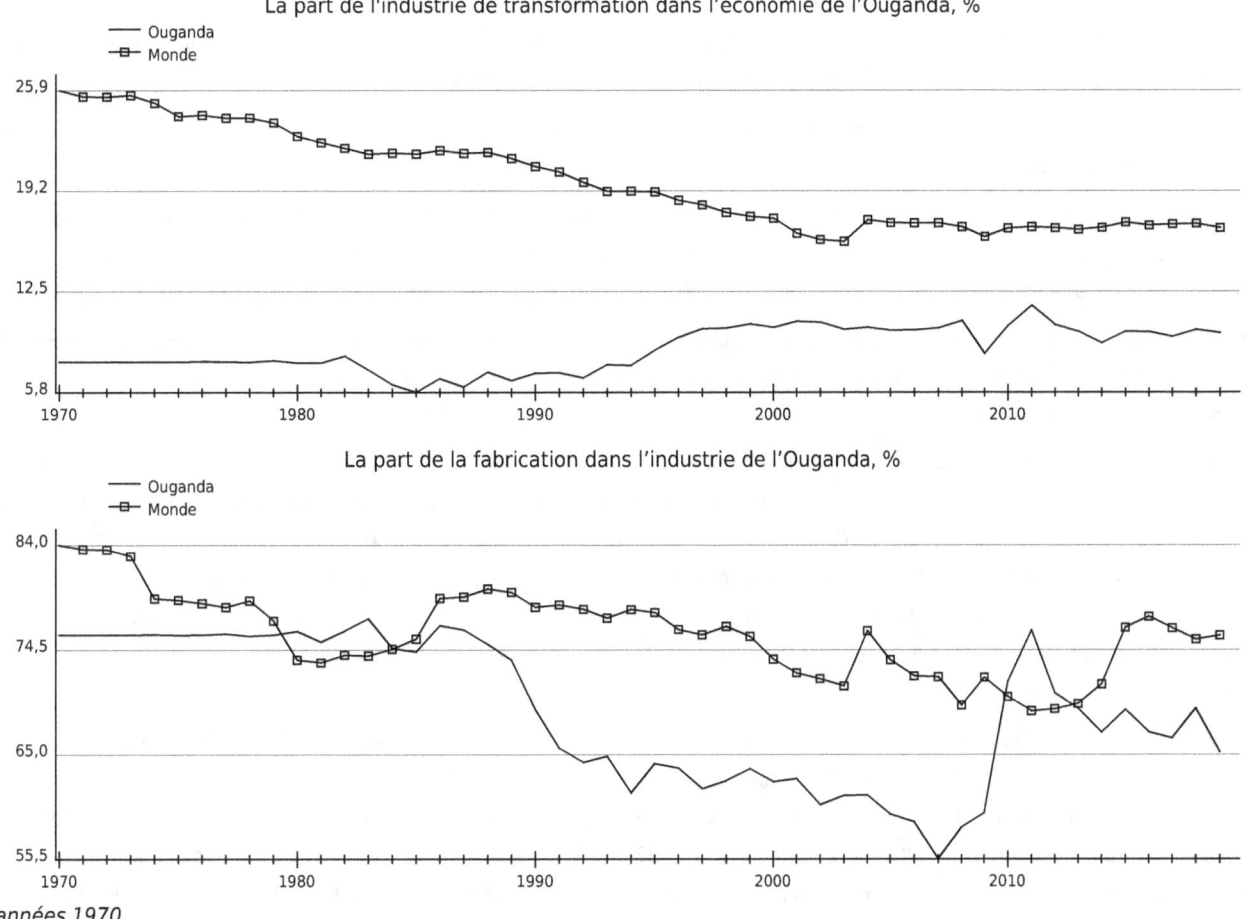

Les années 1970

Le secteur de l'industrie de transformation en Ouganda était de 180,7 millions de dollars par an dans les années 1970, au 102ème rang mondial. La part dans le monde était de 0,012% et de 0,44% en Afrique.

La part de la fabrication dans l'économie de l'Ouganda était de 7,8% dans les années 1970, au 131ème rang mondial, à égalité avec Djibouti (7,8%), le Cap-Vert (7,9%).

La fabrication par habitant en Ouganda était de 17 dollars dans les années 1970, se classant au 156ème rang mondial, à égalité avec le Tchad (16,8 de dollars), le Soudan (16,7 de dollars). La fabrication par habitant en Ouganda était 22,6 fois inférieure la fabrication par habitant au Monde (383,2 US$), et 5,9 fois inférieure la fabrication par habitant en Afrique (99,3 US$).

La croissance de l'industrie de transformation en Ouganda était de -1.6% dans les années 1970, au 176ème rang mondial. La croissance de la fabrication en Ouganda (-1,6%) a été inférieure à celle du monde (3,8%), et inférieure à celle de l'Afrique (4,9%).

Comparaison avec les voisins. La valeur de l'industrie de transformation en Ouganda était supérieure à celle du Rwanda (37,5 millions de dollars); mais inférieure à celle de la république démocratique du Congo (921,8 millions de dollars), du Kenya (838,1 millions de dollars), de la Tanzanie (564,6 millions de dollars) et du Soudan (266,0 millions de dollars). La fabrication par habitant en Ouganda était supérieure à celle du Soudan (16,7 de dollars) et du Rwanda (8,7 de dollars); mais inférieure à celle du Kenya (62,5 de dollars), de la république démocratique du Congo (40,6 de dollars) et de la Tanzanie (36,0 de dollars). La croissance de l'industrie de transformation en Ouganda était inférieure à celle du Kenya (10,6%), de la Tanzanie (4,5%), du Rwanda (3,9%), du Soudan (2,8%) et de la république démocratique du Congo (-1,4%).

Comparaison avec les leaders. La valeur de la fabrication en Ouganda était inférieure à celle des États-Unis (378,0 milliards de dollars), de l'URSS (248,8 milliards de dollars), du Japon (169,3 milliards de dollars), de l'Allemagne (138,0 milliards de dollars) et de la France (64,5 milliards de dollars). La fabrication par habitant en Ouganda était inférieure à celle de l'Allemagne (1 752,1 de dollars), des États-Unis (1 731,8 de dollars), du Japon (1 520,6 de dollars), de la France (1 203,0 de dollars) et de l'URSS (986,6 de dollars). La croissance de la fabrication en Ouganda était inférieure à celle de l'URSS (5,2%), du Japon (4,5%), de la France (3,5%), des États-Unis (2,7%) et de l'Allemagne (2,1%).

Les années 1980

La valeur ajoutée de la fabrication en Ouganda était de 316,7 millions de dollars par an dans les années 1980, au 106ème rang mondial à égalité avec Maurice (311,9 millions de dollars). La part dans le monde était de 0,0099% et de 0,37% en Afrique.

La part de la fabrication dans l'économie de l'Ouganda était de 6,9% dans les années 1980, se classant au 145ème rang mondial, à égalité avec le Niger (6,9%).

La fabrication par habitant en Ouganda était de 21.9 dollars dans les années 1980, se situant au 167ème rang mondial, à égalité avec Sierra Leone (22,1 de dollars), le Lesotho (21,5 de dollars). La fabrication par habitant en Ouganda était 30,2 fois inférieure la fabrication par habitant au Monde (661,2 US$), et 7,2 fois inférieure la fabrication par habitant en Afrique (157,6 US$).

La croissance de l'industrie de transformation en Ouganda était de 4% dans les années 1980, se situant au 73ème rang mondial, à égalité avec la Finlande (4,0%). La croissance de la fabrication en Ouganda (4,0%) a été supérieure à celle du monde (2,6%), et supérieure à celle de l'Afrique (2,0%).

Comparaison avec les voisins. La valeur ajoutée de la fabrication en Ouganda était supérieure à celle du Rwanda (130,1 millions de dollars); mais inférieure à celle du Kenya (1,7 milliards de dollars), de la république démocratique du Congo (1,3 milliards de dollars), de la Tanzanie (832,6 millions de dollars) et du Soudan (579,1 millions de dollars). La fabrication par habitant en Ouganda était supérieure à celle du Rwanda (21,2 de dollars); mais inférieure à celle du Kenya (88,5 de dollars), de la RDC (44,7 de dollars), de la Tanzanie (39,0 de dollars) et du Soudan (26,3 de dollars). La croissance de l'industrie de transformation en Ouganda était supérieure à celle du Soudan (3,3%), de la république démocratique du Congo (2,0%) et de la Tanzanie (-1,6%); mais inférieure à celle du Rwanda (4,8%) et du Kenya (4,8%).

Comparaison avec les leaders. La fabrication de l'Ouganda était inférieure à celle des États-Unis (789,4 milliards de dollars), du Japon (501,0 milliards de dollars), de l'URSS (305,7 milliards de dollars), de l'Allemagne (258,7 milliards de dollars) et de l'Italie (134,1 milliards de dollars). La fabrication par habitant en Ouganda était inférieure à celle du Japon (4 131,0 de dollars), de l'Allemagne (3 316,0 de dollars), des États-Unis (3 296,4 de dollars), de l'Italie (2 359,9 de dollars) et de l'URSS (1 110,8 de dollars). La croissance de l'industrie de transformation en Ouganda était supérieure à celle de l'Italie (2,5%), des États-Unis (1,9%) et de l'Allemagne (1,2%); mais inférieure à celle de l'URSS (5,3%) et du Japon (4,4%).

Les années 1990

La valeur ajoutée de l'industrie de transformation en Ouganda était de 477,2 millions de dollars par an dans les années 1990, se classant au 123ème rang mondial à égalité avec Macao (470,5 millions de dollars), le Yémen (486,1 millions de dollars), la Bosnie-Herzégovine (489,2 millions de dollars). La part dans le monde était de 0,0092% et de 0,54% en Afrique.

La part de la fabrication dans l'économie de l'Ouganda était de 8,8% dans les années 1990, se classant au 145ème rang mondial, à égalité avec le Népal (8,7%), l'Afrique centrale (8,8%), la Guinée équatoriale (8,8%).

La fabrication par habitant en Ouganda était de 23.7 dollars dans les années 1990, se classant au 188ème rang mondial, à égalité avec les Îles Marshall (24,0 de dollars). La fabrication par habitant en Ouganda était 38,3 fois inférieure la fabrication par habitant au Monde (908,4 US$), et 5,3 fois inférieure la fabrication par habitant en Afrique (124,8 US$).

La croissance de la fabrication en Ouganda était de 12.3% dans les années 1990, au 5ème rang mondial. La croissance de l'industrie de transformation en Ouganda (12,3%) a été supérieure à celle du monde (2,0%), et supérieure à celle de l'Afrique (0,55%).

Comparaison avec les voisins. La valeur ajoutée de l'industrie de transformation en Ouganda était supérieure à celle du Rwanda (190,4 millions de dollars); mais inférieure à celle du Kenya (1,8 milliards de dollars), de la Tanzanie (948,2 millions de dollars), de la RDC (774,3 millions de dollars) et du Soudan (604,8 millions de dollars). La fabrication par habitant en Ouganda était supérieure à celle du Soudan (20,9 de dollars) et de la république démocratique du Congo (19,1 de dollars); mais inférieure à celle du Kenya (67,2 de dollars), de la Tanzanie (32,6 de dollars) et du Rwanda (28,8 de dollars). La croissance de l'industrie de transformation en Ouganda était supérieure à celle du Soudan (6,4%), de la Tanzanie (4,0%), du Rwanda (2,4%), du Kenya (1,7%) et de la RDC (-10,4%).

Comparaison avec les leaders. Le secteur de l'industrie de transformation en Ouganda était inférieur à celui des États-Unis (1,2 billions de dollars), du Japon (1,0 billions de dollars), de l'Allemagne (468,8 milliards de dollars), de l'Italie (227,8 milliards de dollars) et de la France (215,0 milliards de dollars). La fabrication par habitant en Ouganda était inférieure à celle du Japon (8 305,2 de dollars), de l'Allemagne (5 813,5 de dollars), des États-Unis (4 707,3 de dollars), de l'Italie (3 994,1 de dollars) et de la France (3 621,1 de

Chapitre 5.1. Fabrication

dollars). La croissance de la fabrication en Ouganda était supérieure à celle des États-Unis (3,2%), de la France (2,4%), de l'Italie (1,2%), du Japon (1,1%) et de l'Allemagne (0,26%).

Les années 2000

Le secteur de la fabrication en Ouganda était de 1,0 milliards de dollars par an dans les années 2000, se situant au 115ème rang mondial à égalité avec l'Irak (1,0 milliards de dollars). La part dans le monde était de 0,014% et de 0,80% en Afrique.

La part de l'industrie de transformation dans l'économie de l'Ouganda était de 9,9% dans les années 2000, se situant au 128ème rang mondial, à égalité avec l'Arabie saoudite (9,9%), la Tanzanie (9,9%), la Guinée (9,8%).

La fabrication par habitant en Ouganda était de 38.3 dollars dans les années 2000, au 193ème rang mondial, à égalité avec le Tchad (38,2 de dollars), le Malawi (38,7 de dollars), l'Irak (38,8 de dollars). La fabrication par habitant en Ouganda était 29,7 fois inférieure la fabrication par habitant au Monde (1 138,1 US$), et 3,8 fois inférieure la fabrication par habitant en Afrique (144,8 US$).

La croissance de l'industrie de transformation en Ouganda était de 5.8% dans les années 2000, se classant au 50ème rang mondial. La croissance de l'industrie de transformation en Ouganda (5,8%) a été supérieure à celle du monde (4,2%), et supérieure à celle de l'Afrique (3,5%).

Comparaison avec les voisins. La valeur de la fabrication en Ouganda était supérieure à celle du Rwanda (273,0 millions de dollars); mais inférieure à celle du Kenya (2,9 milliards de dollars), du Soudan (2,8 milliards de dollars), de la république démocratique du Congo (2,1 milliards de dollars) et de la Tanzanie (1,7 milliards de dollars). La fabrication par habitant en Ouganda était supérieure à celle du Rwanda (30,9 de dollars); mais inférieure à celle du Kenya (79,2 de dollars), du Soudan (73,2 de dollars), de la Tanzanie (45,3 de dollars) et de la RDC (39,2 de dollars). La croissance de l'industrie de transformation en Ouganda était supérieure à celle du Kenya (2,8%) et de la république démocratique du Congo (-2,9%); mais inférieure à celle du Soudan (9,1%), de la Tanzanie (7,9%) et du Rwanda (7,2%).

Comparaison avec les leaders. La valeur ajoutée de la fabrication en Ouganda était inférieure à celle des États-Unis (1,6 billions de dollars), de la Chine (1,1 billions de dollars), du Japon (992,9 milliards de dollars), de l'Allemagne (551,4 milliards de dollars) et de l'Italie (277,2 milliards de dollars). La fabrication par habitant en Ouganda était inférieure à celle du Japon (7 746,3 de dollars), de l'Allemagne (6 773,6 de dollars), des États-Unis (5 600,5 de dollars), de l'Italie (4 780,8 de dollars) et de la Chine (815,3 de dollars). La croissance de l'industrie de transformation en Ouganda était supérieure à celle des États-Unis (1,6%), du Japon (0,32%), de l'Allemagne (0,097%) et de l'Italie (-1,3%).

Les années 2010

La valeur de l'industrie de transformation en Ouganda était de 2,4 milliards de dollars par an dans les années 2010, au 109ème rang mondial à égalité avec le Liechtenstein (2,4 milliards de dollars). La part dans le monde était de 0,019% et de 0,98% en Afrique.

La part de l'industrie de transformation dans l'économie de l'Ouganda était de 9,9% dans les années 2010, se classant au 120ème rang mondial, à égalité avec le Kenya (10,0%), Curaçao (9,8%), le Belize (9,8%).

La fabrication par habitant en Ouganda était de 62.6 dollars dans les années 2010, se situant au 192ème rang mondial, à égalité avec d'Haïti (62,7 de dollars). La fabrication par habitant en Ouganda était 27,1 fois inférieure la fabrication par habitant au Monde (1 697,4 US$), et 3,3 fois inférieure la fabrication par habitant en Afrique (206,2 US$).

La croissance de la fabrication en Ouganda était de 3.7% dans les années 2010, au 85ème rang mondial, à égalité avec la Slovénie (3,6%), la Bosnie-Herzégovine (3,7%). La croissance de la fabrication en Ouganda (3,7%) a été inférieure à celle du monde (3,9%), et supérieure à celle de l'Afrique (3,6%).

Comparaison avec les voisins. Le secteur de l'industrie de transformation en Ouganda était 3,8 fois supérieur à celui du Rwanda (631,3 millions de dollars); mais 2,6 fois inférieur à celui de la RDC (6,2 milliards de dollars), 2,5 fois inférieur à celui du Kenya (6,0 milliards de dollars), 2,4 fois inférieur à celui du Soudan (5,6 milliards de dollars) et 41,9% inférieur à celui de la Tanzanie (4,1 milliards de dollars). La fabrication par habitant en Ouganda était 11,7% supérieure à celle du Rwanda (56,0 de dollars); mais 2,3 fois inférieure à celle du Soudan (145,8 de dollars), 2,0 fois inférieure à celle du Kenya (126,5 de dollars), 24,0% inférieure à celle de la RDC (82,4 de dollars) et 22,0% inférieure à celle de la Tanzanie (80,2 de dollars). La croissance de la fabrication en Ouganda était supérieure à celle du Kenya (3,4%); mais inférieure à celle de la Tanzanie (7,4%), du Rwanda (5,9%), de la république démocratique du Congo (5,3%) et du Soudan (3,8%).

Comparaison avec les leaders. La valeur ajoutée de la fabrication en Ouganda était 1 313,4 fois inférieure à celle de la Chine (3,1 billions de dollars), 873,0 fois inférieure à celle des États-Unis (2,1 billions de dollars), 446,9 fois inférieure à celle du Japon (1,1 billions de dollars), 310,0 fois inférieure à celle de l'Allemagne (735,2 milliards de dollars) et 164,7 fois inférieure à celle de la Corée du Sud (390,5 milliards de dollars). La fabrication par habitant en Ouganda était 143,6 fois inférieure à celle de l'Allemagne (8 981,7 de dollars), 132,5 fois inférieure à celle du Japon (8 286,2 de dollars), 123,5 fois inférieure à celle de la Corée du Sud (7 723,3 de dollars), 103,6 fois inférieure à celle des États-Unis (6 481,0 de dollars) et 35,5 fois inférieure à celle de la Chine (2 221,3 de dollars). La croissance de la fabrication en Ouganda était supérieure à celle de l'Allemagne (3,5%), du Japon (3,0%) et des États-Unis (1,9%); mais inférieure à celle de la Chine (7,5%) et de la Corée du Sud (3,8%).

Chapitre VI. Construction

(ISIC F)

La valeur ajoutée de la construction en Ouganda est passé de 52,8 millions de dollars par an dans les années 1970 à 1,9 milliards de dollars par an dans les années 2010, c'est-à-dire 1,9 milliards de dollars ou de 36,2 fois. La variation a été de 645,2 millions de dollars en raison de l'augmentation de 1,5 fois des prix, et de 1,1 milliards de dollars en raison de la croissance de productivité de 6,7 fois, et de 135,1 millions de dollars en raison de la croissance démographique. La croissance annuelle moyenne de la construction était de 7,5%. La valeur minimale était de 30,8 millions de dollars en 1970. La valeur maximale était de 2,7 milliards de dollars en 2019.

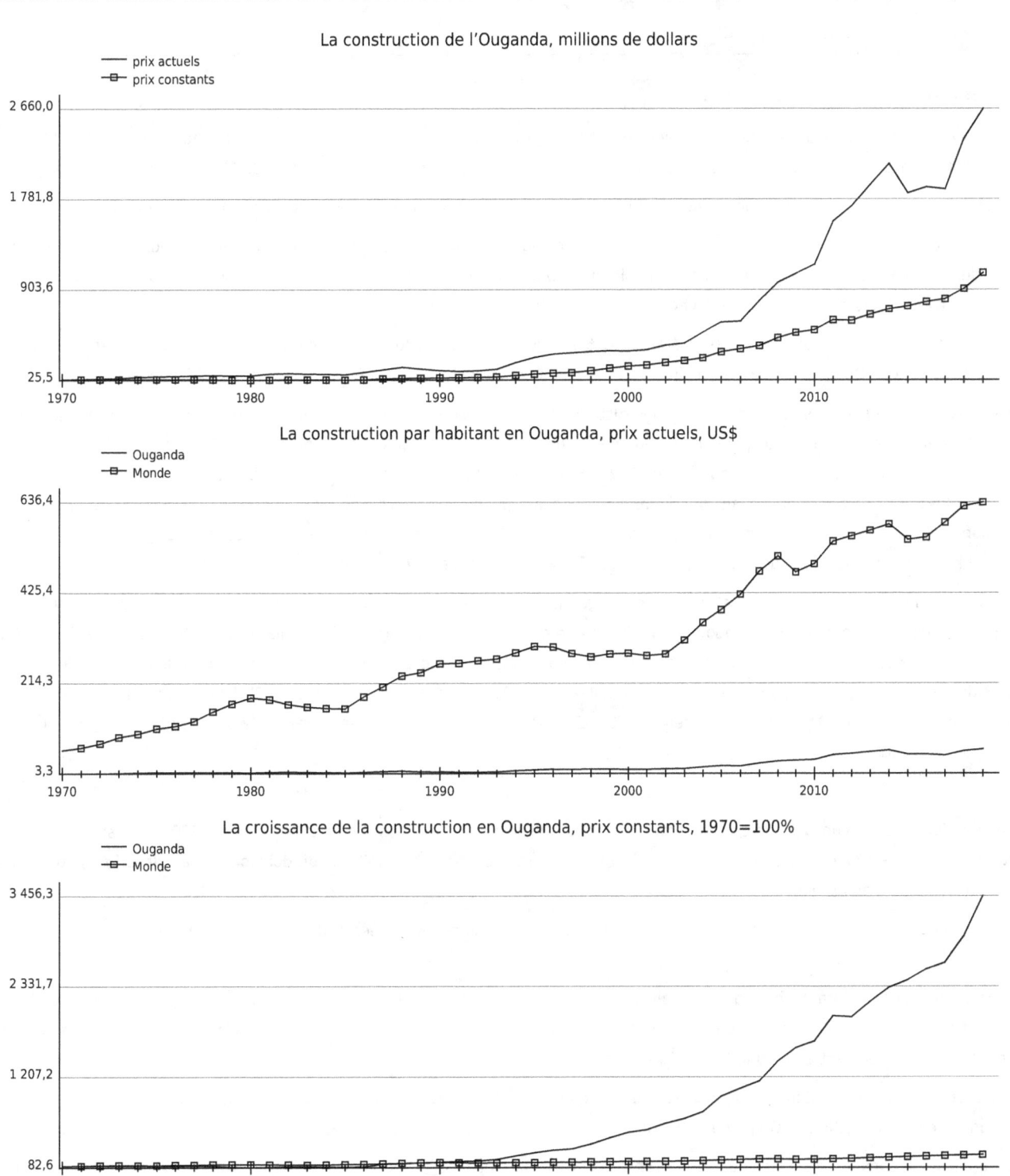

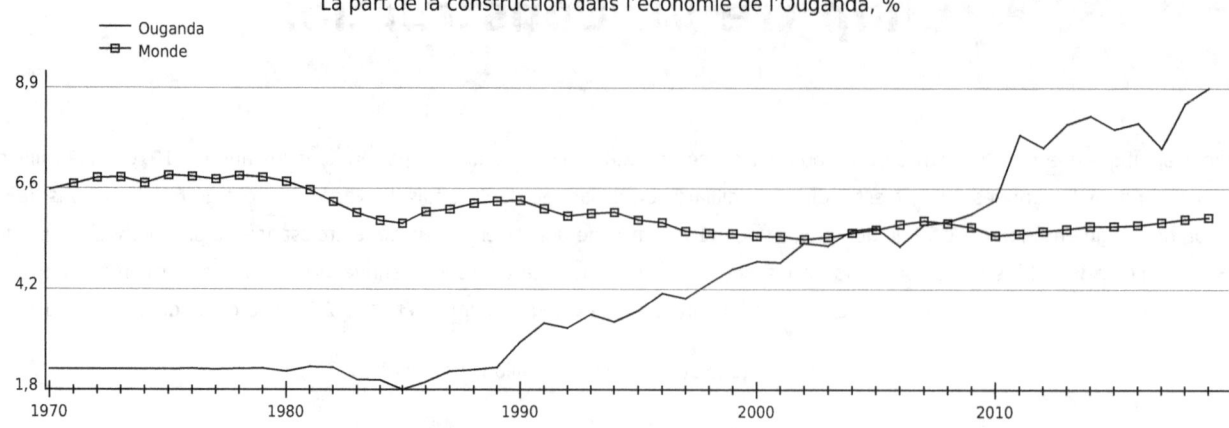

La part de la construction dans l'économie de l'Ouganda, %

Les années 1970

La construction de l'Ouganda était de 52,8 millions de dollars par an dans les années 1970, au 113ème rang mondial à égalité avec le Niger (53,4 millions de dollars), le Guyana (53,8 millions de dollars). La part dans le monde était de 0,012% et de 0,32% en Afrique.

La part de la construction dans l'économie de l'Ouganda était de 2,3% dans les années 1970, se classant au 176ème rang mondial.

La construction par habitant en Ouganda était de 5 dollars dans les années 1970, au 172ème rang mondial, à égalité avec le Bangladesh (5,1 de dollars). La construction par habitant en Ouganda était 21,4 fois inférieure la construction par habitant au Monde (106,1 US$), et 8,0 fois inférieure la construction par habitant en Afrique (39,9 US$).

La croissance de la construction en Ouganda était de -1.6% dans les années 1970, se classant au 172ème rang mondial. La croissance de la construction en Ouganda (-1,6%) a été inférieure à celle du monde (2,1%), et inférieure à celle de l'Afrique (4,5%).

Comparaison avec les voisins. La valeur de la construction en Ouganda était supérieure à celle du Rwanda (13,0 millions de dollars); mais inférieure à celle de la république démocratique du Congo (405,2 millions de dollars), du Kenya (159,6 millions de dollars), de la Tanzanie (155,9 millions de dollars) et du Soudan (142,9 millions de dollars). La construction par habitant en Ouganda était supérieure à celle du Rwanda (3,0 de dollars); mais inférieure à celle de la république démocratique du Congo (17,9 de dollars), du Kenya (11,9 de dollars), de la Tanzanie (9,9 de dollars) et du Soudan (9,0 de dollars). La croissance de la construction en Ouganda était inférieure à celle du Rwanda (5,5%), du Soudan (3,6%), du Kenya (3,6%), de la Tanzanie (1,0%) et de la RDC (-1,3%).

Comparaison avec les leaders. La construction de l'Ouganda était inférieure à celle des États-Unis (81,1 milliards de dollars), de l'URSS (52,5 milliards de dollars), du Japon (43,5 milliards de dollars), de l'Allemagne (33,8 milliards de dollars) et de la France (22,4 milliards de dollars). La construction par habitant en Ouganda était inférieure à celle de l'Allemagne (428,6 de dollars), de la France (417,3 de dollars), du Japon (390,8 de dollars), des États-Unis (371,5 de dollars) et de l'URSS (208,1 de dollars). La croissance de la construction en Ouganda était inférieure à celle de l'URSS (6,5%), du Japon (3,4%), de la France (2,0%), de l'Allemagne (0,66%) et des États-Unis (0,31%).

Les années 1980

La valeur ajoutée de la construction en Ouganda était de 99,3 millions de dollars par an dans les années 1980, se classant au 113ème rang mondial à égalité avec Madagascar (100,4 millions de dollars), le Liban (97,3 millions de dollars). La part dans le monde était de 0,011% et de 0,34% en Afrique.

La part de la construction dans l'économie de l'Ouganda était de 2,2% dans les années 1980, au 176ème rang mondial, à égalité avec la Mauritanie (2,1%).

La construction par habitant en Ouganda était de 6.9 dollars dans les années 1980, se situant au 178ème rang mondial. La construction par habitant en Ouganda était 27,1 fois inférieure la construction par habitant au Monde (186,2 US$), et 7,7 fois inférieure la construction par habitant en Afrique (53,3 US$).

La croissance de la construction en Ouganda était de 5% dans les années 1980, au 47ème rang mondial, à égalité avec l'Est (4,9%). La croissance de la construction en Ouganda (5,0%) a été supérieure à celle du monde (1,7%), et supérieure à celle de l'Afrique (0,41%).

Comparaison avec les voisins. Le secteur de la construction en Ouganda était supérieur à celui du Rwanda (80,1 millions de dollars);

Chapitre VI. Construction

mais inférieur à celui de la RDC (464,3 millions de dollars), du Soudan (402,5 millions de dollars), du Kenya (311,7 millions de dollars) et de la Tanzanie (236,6 millions de dollars). La construction par habitant en Ouganda était inférieure à celle du Soudan (18,3 de dollars), du Kenya (15,9 de dollars), de la république démocratique du Congo (15,7 de dollars), du Rwanda (13,1 de dollars) et de la Tanzanie (11,1 de dollars). La croissance de la construction en Ouganda était supérieure à celle du Rwanda (4,8%), du Soudan (2,6%), du Kenya (2,0%), de la république démocratique du Congo (0,82%) et de la Tanzanie (0,79%).

Comparaison avec les leaders. La construction de l'Ouganda était inférieure à celle des États-Unis (180,6 milliards de dollars), du Japon (138,7 milliards de dollars), de l'URSS (72,1 milliards de dollars), de l'Allemagne (57,8 milliards de dollars) et de la France (42,5 milliards de dollars). La construction par habitant en Ouganda était inférieure à celle du Japon (1 143,9 de dollars), des États-Unis (754,4 de dollars), de la France (751,9 de dollars), de l'Allemagne (740,2 de dollars) et de l'URSS (262,0 de dollars). La croissance de la construction en Ouganda était supérieure à celle du Japon (2,1%), des États-Unis (1,1%), de la France (0,67%) et de l'Allemagne (-0,52%); mais inférieure à celle de l'URSS (6,2%).

Les années 1990

La valeur de la construction en Ouganda était de 207,8 millions de dollars par an dans les années 1990, se classant au 123ème rang mondial à égalité avec la Nouvelle-Calédonie (208,0 millions de dollars), la Bolivie (208,5 millions de dollars), la Géorgie (206,2 millions de dollars). La part dans le monde était de 0,013% et de 0,85% en Afrique.

La part de la construction dans l'économie de l'Ouganda était de 3,8% dans les années 1990, au 166ème rang mondial, à égalité avec les Comores (3,8%).

La construction par habitant en Ouganda était de 10.3 dollars dans les années 1990, se situant au 192ème rang mondial, à égalité avec le Rwanda (10,3 de dollars), le Cambodge (10,2 de dollars). La construction par habitant en Ouganda était 27,0 fois inférieure la construction par habitant au Monde (278,6 US$), et 3,3 fois inférieure la construction par habitant en Afrique (34,6 US$).

La croissance de la construction en Ouganda était de 12.3% dans les années 1990, se situant au 13ème rang mondial. La croissance de la construction en Ouganda (12,3%) a été supérieure à celle du monde (0,71%), et supérieure à celle de l'Afrique (2,8%).

Comparaison avec les voisins. La valeur ajoutée de la construction en Ouganda était supérieure à celle du Rwanda (67,7 millions de dollars); mais inférieure à celle du Soudan (580,7 millions de dollars), de la Tanzanie (423,8 millions de dollars), de la RDC (391,9 millions de dollars) et du Kenya (355,5 millions de dollars). La construction par habitant en Ouganda était supérieure à celle du Rwanda (10,3 de dollars) et de la république démocratique du Congo (9,7 de dollars); mais inférieure à celle du Soudan (20,1 de dollars), de la Tanzanie (14,6 de dollars) et du Kenya (13,0 de dollars). La croissance de la construction en Ouganda était supérieure à celle du Soudan (9,5%), du Kenya (1,8%), du Rwanda (1,7%) et de la république démocratique du Congo (-15,1%); mais inférieure à celle de la Tanzanie (12,8%).

Comparaison avec les leaders. Le secteur de la construction en Ouganda était inférieur à celui du Japon (343,2 milliards de dollars), des États-Unis (299,1 milliards de dollars), de l'Allemagne (125,2 milliards de dollars), du Royaume-Uni (69,8 milliards de dollars) et de la France (68,8 milliards de dollars). La construction par habitant en Ouganda était inférieure à celle du Japon (2 721,7 de dollars), de l'Allemagne (1 552,3 de dollars), du Royaume-Uni (1 205,1 de dollars), de la France (1 158,8 de dollars) et des États-Unis (1 131,2 de dollars). La croissance de la construction en Ouganda était supérieure à celle des États-Unis (1,8%), de l'Allemagne (-0,047%), du Royaume-Uni (-0,34%), de la France (-0,65%) et du Japon (-1,0%).

Les années 2000

La valeur ajoutée de la construction en Ouganda était de 585,7 millions de dollars par an dans les années 2000, se classant au 111ème rang mondial à égalité avec la Guinée équatoriale (587,5 millions de dollars), le Honduras (577,1 millions de dollars). La part dans le monde était de 0,024% et de 1,2% en Afrique.

La part de la construction dans l'économie de l'Ouganda était de 5,5% dans les années 2000, se classant au 117ème rang mondial, à égalité avec le Danemark (5,5%), la Libye (5,5%), le Monténégro (5,5%).

La construction par habitant en Ouganda était de 21.4 dollars dans les années 2000, se classant au 189ème rang mondial, à égalité avec le Laos (21,3 de dollars), l'Est (21,7 de dollars). La construction par habitant en Ouganda était 17,8 fois inférieure la construction par habitant au Monde (381,3 US$), et 2,5 fois inférieure la construction par habitant en Afrique (53,8 US$).

La croissance de la construction en Ouganda était de 13.3% dans les années 2000, se classant au 20ème rang mondial, à égalité avec

Madagascar (13,2%), la Géorgie (13,3%). La croissance de la construction en Ouganda (13,3%) a été supérieure à celle du monde (1,5%), et supérieure à celle de l'Afrique (8,4%).

Comparaison avec les voisins. Le secteur de la construction en Ouganda était supérieur à celui de la RDC (475,6 millions de dollars) et du Rwanda (155,4 millions de dollars); mais inférieur à celui de la Tanzanie (1,6 milliards de dollars), du Soudan (1,4 milliards de dollars) et du Kenya (861,7 millions de dollars). La construction par habitant en Ouganda était supérieure à celle du Rwanda (17,6 de dollars) et de la RDC (8,8 de dollars); mais inférieure à celle de la Tanzanie (41,4 de dollars), du Soudan (37,4 de dollars) et du Kenya (23,8 de dollars). La croissance de la construction en Ouganda était supérieure à celle du Rwanda (10,8%), de la Tanzanie (9,4%), du Soudan (9,3%) et du Kenya (3,8%); mais inférieure à celle de la république démocratique du Congo (19,4%).

Comparaison avec les leaders. Le secteur de la construction en Ouganda était inférieur à celui des États-Unis (583,0 milliards de dollars), du Japon (270,5 milliards de dollars), de la Chine (150,1 milliards de dollars), du Royaume-Uni (132,1 milliards de dollars) et de l'Espagne (111,8 milliards de dollars). La construction par habitant en Ouganda était inférieure à celle de l'Espagne (2 560,2 de dollars), du Royaume-Uni (2 186,4 de dollars), du Japon (2 110,1 de dollars), des États-Unis (1 983,7 de dollars) et de la Chine (113,1 de dollars). La croissance de la construction en Ouganda était supérieure à celle de la Chine (11,9%), de l'Espagne (1,7%), du Royaume-Uni (0,17%), des États-Unis (-2,6%) et du Japon (-3,9%).

Les années 2010

La valeur de la construction en Ouganda était de 1,9 milliards de dollars par an dans les années 2010, au 92ème rang mondial à égalité avec le Cambodge (1,9 milliards de dollars). La part dans le monde était de 0,046% et de 1,5% en Afrique.

La part de la construction dans l'économie de l'Ouganda était de 8,0% dans les années 2010, se situant au 48ème rang mondial, à égalité avec la Gambie (8,0%), l'Océanie (8,1%), l'Australasie (8,1%).

La construction par habitant en Ouganda était de 50.4 dollars dans les années 2010, se situant au 189ème rang mondial, à égalité avec le Rwanda (50,6 de dollars). La construction par habitant en Ouganda était 11,3 fois inférieure la construction par habitant au Monde (572,1 US$), et 2,2 fois inférieure la construction par habitant en Afrique (109,4 US$).

La croissance de la construction en Ouganda était de 8.2% dans les années 2010, au 27ème rang mondial, à égalité avec la Chine (8,2%), Nauru (8,2%), la Malaisie (8,2%). La croissance de la construction en Ouganda (8,2%) a été supérieure à celle du monde (2,9%), et supérieure à celle de l'Afrique (5,8%).

Comparaison avec les voisins. La valeur ajoutée de la construction en Ouganda était 3,4 fois supérieure à celle du Rwanda (569,9 millions de dollars) et 5,1 fois supérieure à celle de la RDC (376,2 millions de dollars); mais 2,9 fois inférieure à celle de la Tanzanie (5,6 milliards de dollars), 41,3% inférieure à celle du Kenya (3,3 milliards de dollars) et 24,7% inférieure à celle du Soudan (2,5 milliards de dollars). La construction par habitant en Ouganda était 10,1 fois supérieure à celle de la république démocratique du Congo (5,0 de dollars); mais 2,2 fois inférieure à celle de la Tanzanie (109,1 de dollars), 26,7% inférieure à celle du Kenya (68,8 de dollars), 23,5% inférieure à celle du Soudan (65,9 de dollars) et 0,27% inférieure à celle du Rwanda (50,6 de dollars). La croissance de la construction en Ouganda était supérieure à celle du Soudan (1,4%); mais inférieure à celle de la Tanzanie (12,6%), du Rwanda (11,0%), du Kenya (9,8%) et de la république démocratique du Congo (8,9%).

Comparaison avec les leaders. La valeur de la construction en Ouganda était 382,4 fois inférieure à celle de la Chine (731,1 milliards de dollars), 356,1 fois inférieure à celle des États-Unis (680,8 milliards de dollars), 145,7 fois inférieure à celle du Japon (278,7 milliards de dollars), 87,9 fois inférieure à celle de l'Inde (168,1 milliards de dollars) et 80,1 fois inférieure à celle de l'Allemagne (153,2 milliards de dollars). La construction par habitant en Ouganda était 43,2 fois inférieure à celle du Japon (2 178,3 de dollars), 42,3 fois inférieure à celle des États-Unis (2 130,9 de dollars), 37,1 fois inférieure à celle de l'Allemagne (1 871,9 de dollars), 10,3 fois inférieure à celle de la Chine (521,3 de dollars) et 2,6 fois inférieure à celle de l'Inde (129,1 de dollars). La croissance de la construction en Ouganda était supérieure à celle de la Chine (8,2%), de l'Inde (5,2%), de l'Allemagne (1,8%), du Japon (1,7%) et des États-Unis (1,4%).

Chapitre VII. Transport

Transport et stockage (ISIC I)

Le secteur du transport en Ouganda est passé de 77,0 millions de dollars par an dans les années 1970 à 1,5 milliards de dollars par an dans les années 2010, c'est-à-dire 1,5 milliards de dollars ou de 19,9 fois. La variation a été de -211,7 millions de dollars en raison de la baisse de 1,1 fois du prix, et de 1,5 milliards de dollars en raison de la croissance de productivité de 6,4 fois, et de 197,0 millions de dollars en raison de la croissance démographique. La croissance annuelle moyenne du transport était de 7,4%. La valeur minimale était de 45,0 millions de dollars en 1970. La valeur maximale était de 1,8 milliards de dollars en 2014.

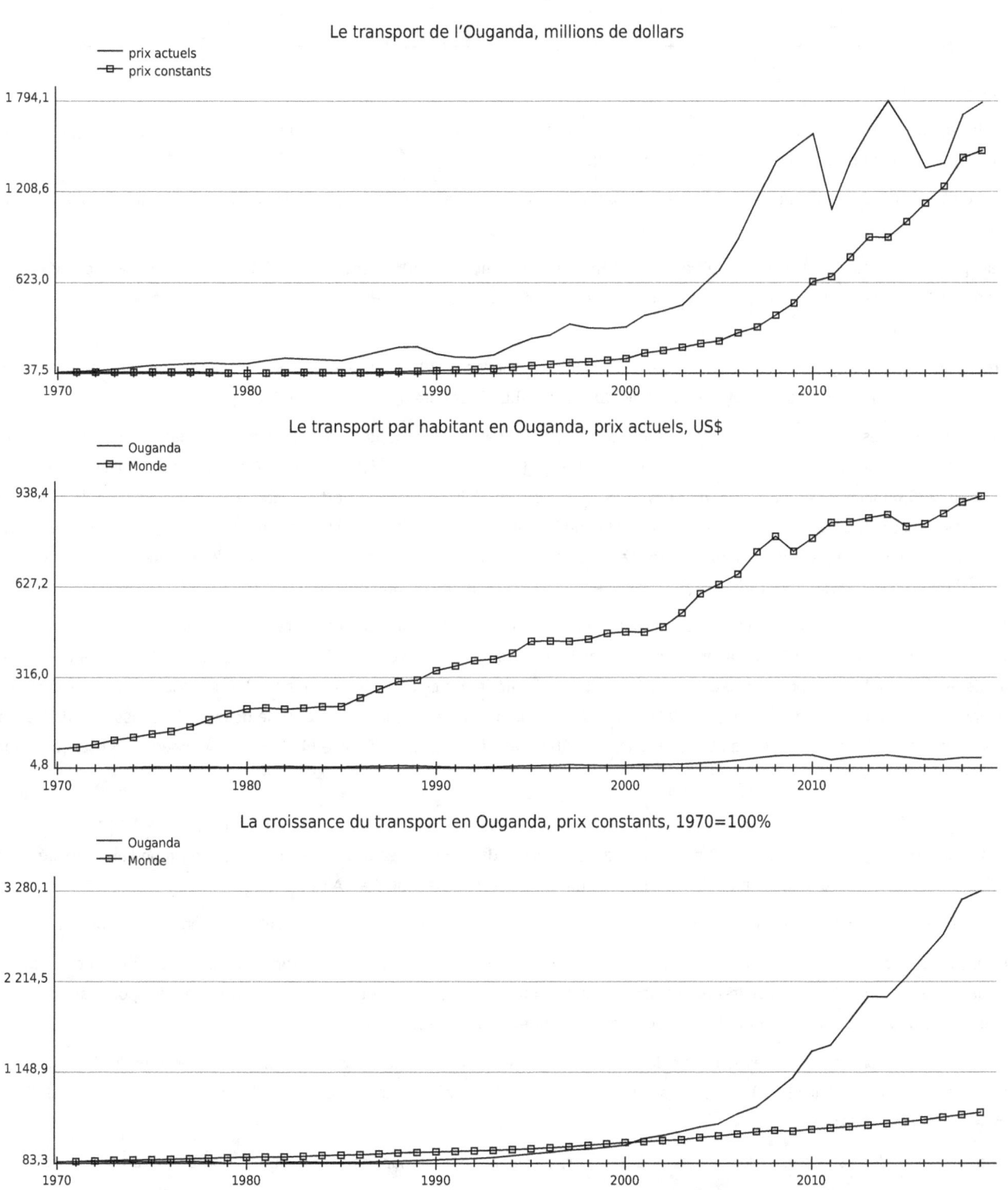

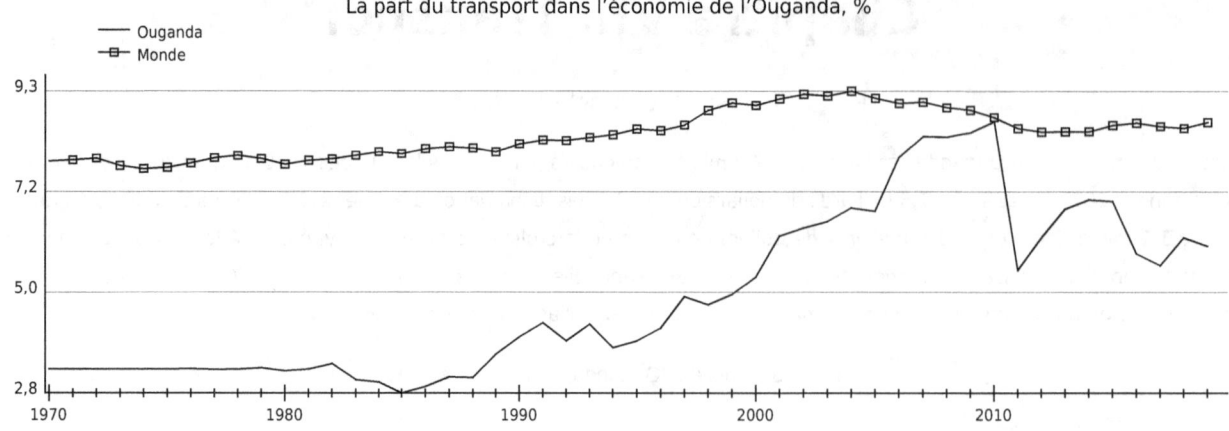

Les années 1970

La valeur ajoutée du transport en Ouganda était de 77,0 millions de dollars par an dans les années 1970, au 103ème rang mondial. La part dans le monde était de 0,016% et de 0,34% en Afrique.

La part du transport dans l'économie de l'Ouganda était de 3,3% dans les années 1970, se classant au 164ème rang mondial, à égalité avec la Mauritanie (3,3%).

Le transport par habitant en Ouganda était de 7.2 dollars dans les années 1970, se situant au 168ème rang mondial. Le transport par habitant en Ouganda était 16,9 fois inférieur le transport par habitant au Monde (122,3 US$), et 7,7 fois inférieur le transport par habitant en Afrique (55,9 US$).

La croissance du transport en Ouganda était de -1.6% dans les années 1970, se situant au 180ème rang mondial. La croissance du transport en Ouganda (-1,6%) a été inférieure à celle du monde (4,6%), et inférieure à celle de l'Afrique (6,8%).

Comparaison avec les voisins. La valeur ajoutée du transport en Ouganda était supérieure à celle du Rwanda (2,6 millions de dollars); mais inférieure à celle de la république démocratique du Congo (899,5 millions de dollars), de la Tanzanie (351,1 millions de dollars), du Soudan (295,6 millions de dollars) et du Kenya (254,5 millions de dollars). Le transport par habitant en Ouganda était supérieur à celui du Rwanda (0,60 de dollars); mais inférieur à celui de la RDC (39,6 de dollars), de la Tanzanie (22,4 de dollars), du Kenya (19,0 de dollars) et du Soudan (18,5 de dollars). La croissance du transport en Ouganda était inférieure à celle du Soudan (6,3%), du Kenya (4,2%), du Rwanda (4,2%), de la Tanzanie (3,6%) et de la république démocratique du Congo (-0,33%).

Comparaison avec les leaders. Le secteur du transport en Ouganda était inférieur à celui des États-Unis (168,6 milliards de dollars), du Japon (46,4 milliards de dollars), de l'Allemagne (29,6 milliards de dollars), de l'URSS (28,8 milliards de dollars) et de la France (24,0 milliards de dollars). Le transport par habitant en Ouganda était inférieur à celui des États-Unis (772,4 de dollars), de la France (447,4 de dollars), du Japon (416,6 de dollars), de l'Allemagne (376,1 de dollars) et de l'URSS (114,0 de dollars). La croissance du transport en Ouganda était inférieure à celle de l'URSS (8,1%), des États-Unis (4,2%), de la France (4,1%), de l'Allemagne (3,0%) et du Japon (1,7%).

Les années 1980

Le transport de l'Ouganda était de 147,0 millions de dollars par an dans les années 1980, au 108ème rang mondial à égalité avec le Népal (145,5 millions de dollars). La part dans le monde était de 0,013% et de 0,30% en Afrique.

La part du transport dans l'économie de l'Ouganda était de 3,2% dans les années 1980, se classant au 167ème rang mondial.

Le transport par habitant en Ouganda était de 10.2 dollars dans les années 1980, au 170ème rang mondial, à égalité avec le Mali (10,2 de dollars), le Lesotho (10,3 de dollars). Le transport par habitant en Ouganda était 23,8 fois inférieur le transport par habitant au Monde (242,0 US$), et 8,9 fois inférieur le transport par habitant en Afrique (90,3 US$).

La croissance du transport en Ouganda était de 2.8% dans les années 1980, se classant au 121ème rang mondial, à égalité avec l'Andorre (2,8%), la Zambie (2,9%). La croissance du transport en Ouganda (2,8%) a été inférieure à celle du monde (3,4%), et supérieure à celle de l'Afrique (-0,23%).

Comparaison avec les voisins. La valeur ajoutée du transport en Ouganda était supérieure à celle du Rwanda (37,6 millions de dollars);

Chapitre VII. Transport

mais inférieure à celle de la RDC (1,6 milliards de dollars), du Soudan (775,9 millions de dollars), de la Tanzanie (703,0 millions de dollars) et du Kenya (600,1 millions de dollars). Le transport par habitant en Ouganda était supérieur à celui du Rwanda (6,1 de dollars); mais inférieur à celui de la RDC (53,0 de dollars), du Soudan (35,2 de dollars), de la Tanzanie (32,9 de dollars) et du Kenya (30,6 de dollars). La croissance du transport en Ouganda était supérieure à celle de la RDC (1,8%), du Soudan (1,7%) et de la Tanzanie (1,3%); mais inférieure à celle du Kenya (5,5%) et du Rwanda (3,4%).

Comparaison avec les leaders. La valeur du transport en Ouganda était inférieure à celle des États-Unis (394,9 milliards de dollars), du Japon (147,7 milliards de dollars), de l'Allemagne (56,6 milliards de dollars), de la France (56,2 milliards de dollars) et du Royaume-Uni (53,0 milliards de dollars). Le transport par habitant en Ouganda était inférieur à celui des États-Unis (1 649,2 de dollars), du Japon (1 217,8 de dollars), de la France (993,7 de dollars), du Royaume-Uni (938,7 de dollars) et de l'Allemagne (725,5 de dollars). La croissance du transport en Ouganda était supérieure à celle de l'Allemagne (1,8%); mais inférieure à celle de la France (5,4%), du Japon (4,7%), des États-Unis (3,6%) et du Royaume-Uni (3,0%).

Les années 1990

La valeur du transport en Ouganda était de 237,0 millions de dollars par an dans les années 1990, au 125ème rang mondial à égalité avec Macao (232,2 millions de dollars), la Guinée (242,4 millions de dollars). La part dans le monde était de 0,010% et de 0,53% en Afrique.

La part du transport dans l'économie de l'Ouganda était de 4,4% dans les années 1990, au 183ème rang mondial, à égalité avec le Liban (4,4%).

Le transport par habitant en Ouganda était de 11.8 dollars dans les années 1990, au 196ème rang mondial, à égalité avec le Népal (11,7 de dollars), le Niger (11,9 de dollars), le Tadjikistan (12,0 de dollars). Le transport par habitant en Ouganda était 34,8 fois inférieur le transport par habitant au Monde (409,5 US$), et 5,4 fois inférieur le transport par habitant en Afrique (63,1 US$).

La croissance du transport en Ouganda était de 9% dans les années 1990, au 24ème rang mondial, à égalité avec l'Érythrée (9,0%), l'Uruguay (9,0%). La croissance du transport en Ouganda (9,0%) a été supérieure à celle du monde (4,0%), et supérieure à celle de l'Afrique (3,3%).

Comparaison avec les voisins. Le secteur du transport en Ouganda était supérieur à celui du Rwanda (47,0 millions de dollars); mais inférieur à celui du Soudan (1,4 milliards de dollars), de la république démocratique du Congo (1,4 milliards de dollars), de la Tanzanie (1,0 milliards de dollars) et du Kenya (845,1 millions de dollars). Le transport par habitant en Ouganda était supérieur à celui du Rwanda (7,1 de dollars); mais inférieur à celui du Soudan (49,8 de dollars), de la Tanzanie (35,6 de dollars), de la RDC (35,3 de dollars) et du Kenya (30,9 de dollars). La croissance du transport en Ouganda était supérieure à celle du Soudan (6,1%), de la Tanzanie (4,0%), du Kenya (2,2%) et de la RDC (-1,9%); mais inférieure à celle du Rwanda (9,7%).

Comparaison avec les leaders. La valeur du transport en Ouganda était inférieure à celle des États-Unis (702,6 milliards de dollars), du Japon (373,9 milliards de dollars), de l'Allemagne (144,3 milliards de dollars), de la France (118,7 milliards de dollars) et du Royaume-Uni (117,6 milliards de dollars). Le transport par habitant en Ouganda était inférieur à celui du Japon (2 965,8 de dollars), des États-Unis (2 656,9 de dollars), du Royaume-Uni (2 031,3 de dollars), de la France (1 999,2 de dollars) et de l'Allemagne (1 789,0 de dollars). La croissance du transport en Ouganda était supérieure à celle des États-Unis (5,0%), de la France (4,8%), du Royaume-Uni (4,7%), de l'Allemagne (3,9%) et du Japon (3,0%).

Les années 2000

Le transport de l'Ouganda était de 792,8 millions de dollars par an dans les années 2000, se situant au 111ème rang mondial. La part dans le monde était de 0,020% et de 0,88% en Afrique.

La part du transport dans l'économie de l'Ouganda était de 7,5% dans les années 2000, au 143ème rang mondial, à égalité avec d'Aruba (7,4%), l'Afrique de l'Ouest (7,4%), le Suriname (7,4%).

Le transport par habitant en Ouganda était de 29 dollars dans les années 2000, au 193ème rang mondial, à égalité avec le Népal (28,6 de dollars), le Timor oriental (29,7 de dollars). Le transport par habitant en Ouganda était 21,4 fois inférieur le transport par habitant au Monde (621,1 US$), et 3,4 fois inférieur le transport par habitant en Afrique (99,3 US$).

La croissance du transport en Ouganda était de 14.9% dans les années 2000, se situant au 12ème rang mondial. La croissance du transport en Ouganda (14,9%) a été supérieure à celle du monde (3,9%), et supérieure à celle de l'Afrique (7,8%).

Comparaison avec les voisins. La valeur ajoutée du transport en Ouganda était supérieure à celle du Rwanda (169,3 millions de dollars); mais inférieure à celle du Soudan (3,6 milliards de dollars), du Kenya (2,0 milliards de dollars), de la Tanzanie (1,9 milliards de dollars) et de la république démocratique du Congo (1,7 milliards de dollars). Le transport par habitant en Ouganda était supérieur à celui du Rwanda (19,2 de dollars); mais inférieur à celui du Soudan (95,2 de dollars), du Kenya (55,4 de dollars), de la Tanzanie (49,9 de dollars) et de la RDC (31,5 de dollars). La croissance du transport en Ouganda était supérieure à celle du Soudan (8,7%), du Kenya (8,2%), de la Tanzanie (7,6%) et de la république démocratique du Congo (6,2%); mais inférieure à celle du Rwanda (15,7%).

Comparaison avec les leaders. La valeur ajoutée du transport en Ouganda était inférieure à celle des États-Unis (1,2 billions de dollars), du Japon (468,5 milliards de dollars), de l'Allemagne (228,2 milliards de dollars), du Royaume-Uni (215,9 milliards de dollars) et de la France (185,6 milliards de dollars). Le transport par habitant en Ouganda était inférieur à celui des États-Unis (4 029,0 de dollars), du Japon (3 655,1 de dollars), du Royaume-Uni (3 572,9 de dollars), de la France (2 955,1 de dollars) et de l'Allemagne (2 803,7 de dollars). La croissance du transport en Ouganda était supérieure à celle de l'Allemagne (3,4%), du Royaume-Uni (3,1%), des États-Unis (3,1%), de la France (2,7%) et du Japon (1,5%).

Les années 2010

La valeur ajoutée du transport en Ouganda était de 1,5 milliards de dollars par an dans les années 2010, se situant au 111ème rang mondial. La part dans le monde était de 0,024% et de 0,76% en Afrique.

La part du transport dans l'économie de l'Ouganda était de 6,4% dans les années 2010, se classant au 166ème rang mondial, à égalité avec les Tuvalu (6,4%).

Le transport par habitant en Ouganda était de 40.5 dollars dans les années 2010, au 198ème rang mondial, à égalité avec le Mali (40,9 de dollars). Le transport par habitant en Ouganda était 21,4 fois inférieur le transport par habitant au Monde (864,8 US$), et 4,3 fois inférieur le transport par habitant en Afrique (173,7 US$).

La croissance du transport en Ouganda était de 11.7% dans les années 2010, se classant au 6ème rang mondial. La croissance du transport en Ouganda (11,7%) a été supérieure à celle du monde (4,0%), et supérieure à celle de l'Afrique (3,8%).

Comparaison avec les voisins. La valeur du transport en Ouganda était 2,7 fois supérieure à celle du Rwanda (564,6 millions de dollars); mais 4,7 fois inférieure à celle du Soudan (7,2 milliards de dollars), 3,9 fois inférieure à celle du Kenya (6,0 milliards de dollars), 2,7 fois inférieure à celle de la Tanzanie (4,2 milliards de dollars) et 2,2 fois inférieure à celle de la RDC (3,3 milliards de dollars). Le transport par habitant en Ouganda était 4,6 fois inférieur à celui du Soudan (186,2 de dollars), 3,2 fois inférieur à celui du Kenya (127,9 de dollars), 2,0 fois inférieur à celui de la Tanzanie (81,6 de dollars), 19,2% inférieur à celui du Rwanda (50,1 de dollars) et 8,6% inférieur à celui de la RDC (44,3 de dollars). La croissance du transport en Ouganda était supérieure à celle du Rwanda (10,7%), de la Tanzanie (8,5%), du Kenya (7,7%), du Soudan (3,9%) et de la RDC (3,5%).

Comparaison avec les leaders. La valeur ajoutée du transport en Ouganda était 1 165,5 fois inférieure à celle des États-Unis (1,8 billions de dollars), 345,3 fois inférieure à celle du Japon (529,8 milliards de dollars), 302,5 fois inférieure à celle de la Chine (464,2 milliards de dollars), 195,5 fois inférieure à celle de l'Allemagne (300,0 milliards de dollars) et 168,0 fois inférieure à celle du Royaume-Uni (257,7 milliards de dollars). Le transport par habitant en Ouganda était 138,3 fois inférieur à celui des États-Unis (5 597,8 de dollars), 102,3 fois inférieur à celui du Japon (4 141,7 de dollars), 97,1 fois inférieur à celui du Royaume-Uni (3 929,2 de dollars), 90,6 fois inférieur à celui de l'Allemagne (3 665,2 de dollars) et 8,2 fois inférieur à celui de la Chine (331,0 de dollars). La croissance du transport en Ouganda était supérieure à celle de la Chine (7,5%), des États-Unis (5,1%), du Royaume-Uni (2,8%), de l'Allemagne (2,7%) et du Japon (0,81%).

Chapitre VIII. Commerce

Commerce de gros et de détail; restaurants et hôtels (ISIC G-H)

Le commerce de l'Ouganda est passé de 340,8 millions de dollars par an dans les années 1970 à 4,1 milliards de dollars par an dans les années 2010, c'est-à-dire 3,8 milliards de dollars ou de 12,2 fois. La variation a été de 1,6 milliards de dollars en raison de l'augmentation de 1,6 fois des prix, et de 1,4 milliards de dollars en raison de la croissance de productivité de 2,1 fois, et de 871,5 millions de dollars en raison de la croissance démographique. La croissance annuelle moyenne du commerce était de 4,8%. La valeur minimale était de 199,2 millions de dollars en 1970. La valeur maximale était de 5,2 milliards de dollars en 2019.

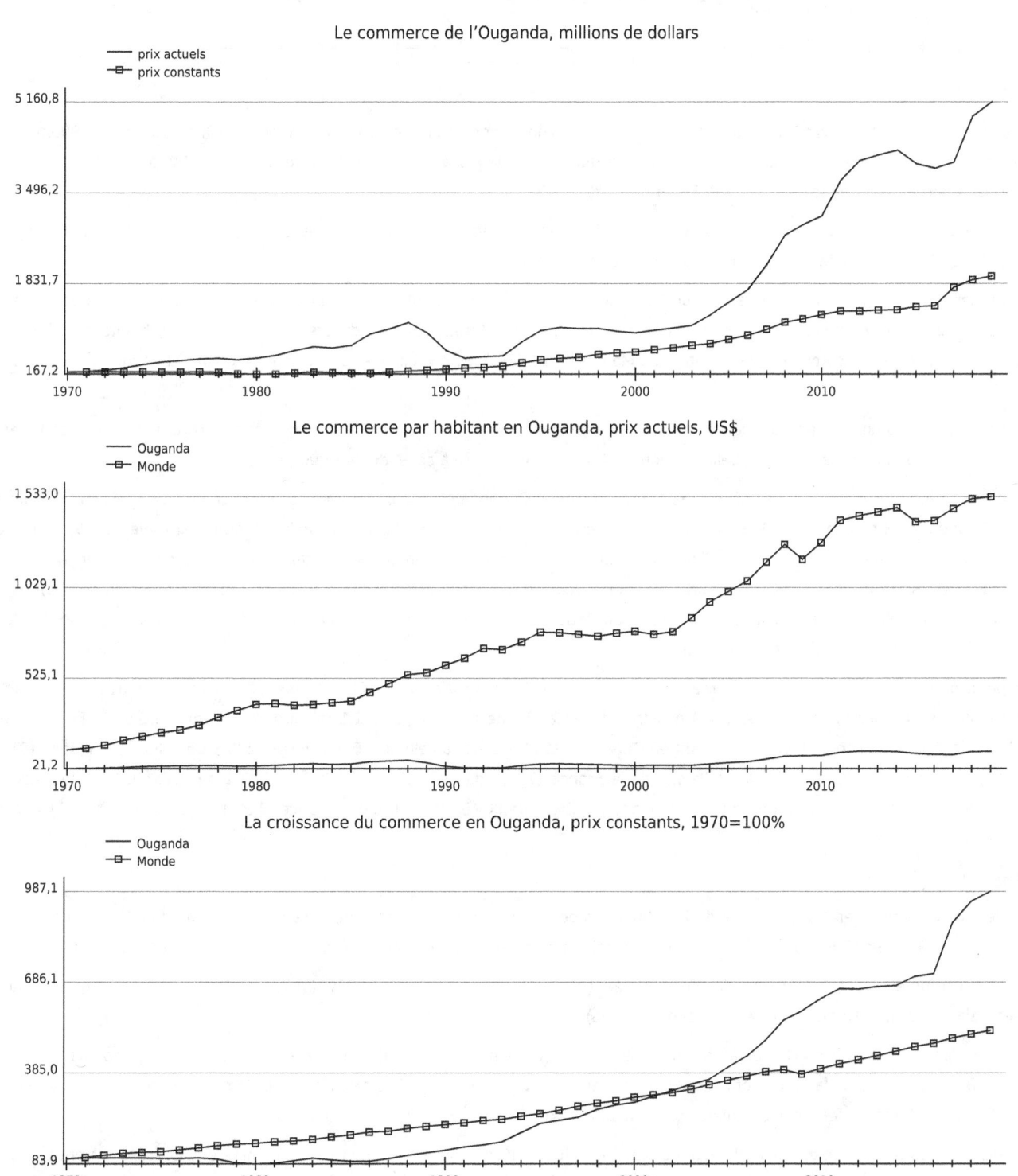

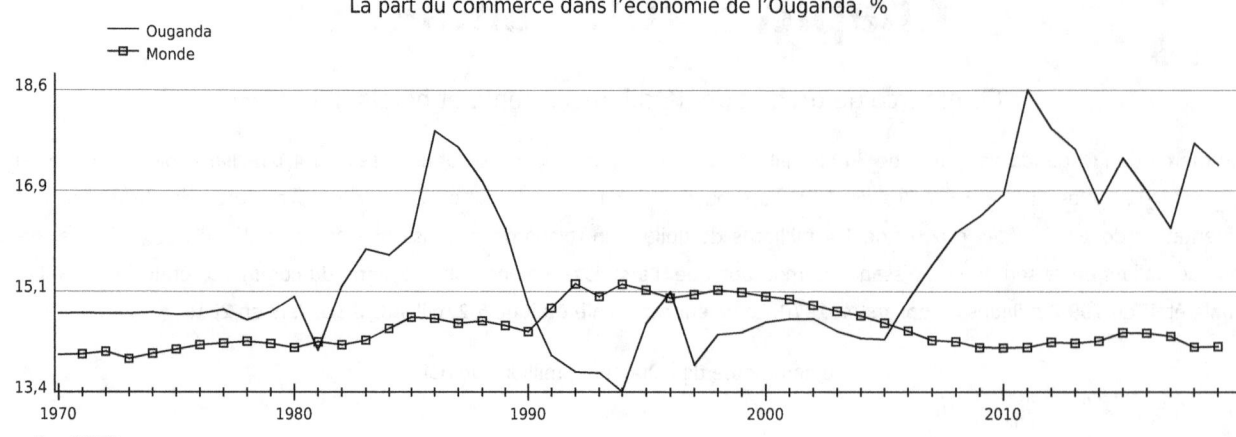

Les années 1970

La valeur ajoutée du commerce en Ouganda était de 340,8 millions de dollars par an dans les années 1970, se classant au 90ème rang mondial à égalité avec le Nicaragua (340,8 millions de dollars), Madagascar (341,2 millions de dollars), l'Éthiopie (342,6 millions de dollars). La part dans le monde était de 0,038% et de 1,1% en Afrique.

La part du commerce dans l'économie de l'Ouganda était de 14,7% dans les années 1970, au 90ème rang mondial, à égalité avec la Tanzanie (14,7%), la Zambie (14,8%), la Polynésie française (14,6%).

Le commerce par habitant en Ouganda était de 32 dollars dans les années 1970, se classant au 159ème rang mondial, à égalité avec le Niger (32,2 de dollars), les Salomon (32,3 de dollars), la Guinée équatoriale (32,4 de dollars). Le commerce par habitant en Ouganda était 6,9 fois inférieur le commerce par habitant au Monde (221,0 US$), et 2,3 fois inférieur le commerce par habitant en Afrique (73,8 US$).

La croissance du commerce en Ouganda était de -1.6% dans les années 1970, au 176ème rang mondial. La croissance du commerce en Ouganda (-1,6%) a été inférieure à celle du monde (4,5%), et inférieure à celle de l'Afrique (4,6%).

Comparaison avec les voisins. La valeur ajoutée du commerce en Ouganda était supérieure à celle du Kenya (264,7 millions de dollars) et du Rwanda (41,3 millions de dollars); mais inférieure à celle de la RDC (1,6 milliards de dollars), de la Tanzanie (622,9 millions de dollars) et du Soudan (543,9 millions de dollars). Le commerce par habitant en Ouganda était supérieur à celui du Kenya (19,7 de dollars) et du Rwanda (9,6 de dollars); mais inférieur à celui de la RDC (69,7 de dollars), de la Tanzanie (39,7 de dollars) et du Soudan (34,1 de dollars). La croissance du commerce en Ouganda était inférieure à celle du Soudan (6,5%), du Rwanda (4,8%), de la RDC (3,6%), du Kenya (1,9%) et de la Tanzanie (1,2%).

Comparaison avec les leaders. Le commerce de l'Ouganda était inférieur à celui des États-Unis (278,3 milliards de dollars), du Japon (90,3 milliards de dollars), de l'URSS (62,3 milliards de dollars), de l'Allemagne (61,1 milliards de dollars) et de la France (40,9 milliards de dollars). Le commerce par habitant en Ouganda était inférieur à celui des États-Unis (1 275,1 de dollars), du Japon (811,1 de dollars), de l'Allemagne (775,5 de dollars), de la France (762,4 de dollars) et de l'URSS (247,1 de dollars). La croissance du commerce en Ouganda était inférieure à celle du Japon (8,2%), de l'URSS (5,2%), de la France (3,9%), des États-Unis (3,9%) et de l'Allemagne (3,0%).

Les années 1980

La valeur du commerce en Ouganda était de 749,3 millions de dollars par an dans les années 1980, se classant au 87ème rang mondial à égalité avec Trinité-et-Tobago (767,2 millions de dollars). La part dans le monde était de 0,035% et de 1,1% en Afrique.

La part du commerce dans l'économie de l'Ouganda était de 16,3% dans les années 1980, au 72ème rang mondial, à égalité avec le Guatemala (16,1%), la Turquie (16,4%), Singapour (16,4%).

Le commerce par habitant en Ouganda était de 51.9 dollars dans les années 1980, se classant au 158ème rang mondial, à égalité avec le Bénin (51,0 de dollars). Le commerce par habitant en Ouganda était 8,4 fois inférieur le commerce par habitant au Monde (437,7 US$), et 2,3 fois inférieur le commerce par habitant en Afrique (121,8 US$).

La croissance du commerce en Ouganda était de 3.3% dans les années 1980, au 75ème rang mondial, à égalité avec le Monde (3,3%), l'Algérie (3,3%). La croissance du commerce en Ouganda (3,3%) a été supérieure à celle du monde (3,3%), et supérieure à celle de

Chapitre VIII. Commerce

l'Afrique (2,7%).

Comparaison avec les voisins. Le secteur du commerce en Ouganda était supérieur à celui du Kenya (573,1 millions de dollars) et du Rwanda (127,0 millions de dollars); mais inférieur à celui du Soudan (1,7 milliards de dollars), de la république démocratique du Congo (1,6 milliards de dollars) et de la Tanzanie (1,3 milliards de dollars). Le commerce par habitant en Ouganda était supérieur à celui du Kenya (29,3 de dollars) et du Rwanda (20,7 de dollars); mais inférieur à celui du Soudan (75,2 de dollars), de la Tanzanie (60,2 de dollars) et de la république démocratique du Congo (54,8 de dollars). La croissance du commerce en Ouganda était supérieure à celle du Rwanda (2,6%), de la Tanzanie (2,4%), du Soudan (2,3%) et de la république démocratique du Congo (1,8%); mais inférieure à celle du Kenya (4,1%).

Comparaison avec les leaders. Le commerce de l'Ouganda était inférieur à celui des États-Unis (653,3 milliards de dollars), du Japon (277,3 milliards de dollars), de l'Allemagne (116,7 milliards de dollars), de l'URSS (112,3 milliards de dollars) et de l'Italie (95,7 milliards de dollars). Le commerce par habitant en Ouganda était inférieur à celui des États-Unis (2 728,2 de dollars), du Japon (2 286,5 de dollars), de l'Italie (1 684,2 de dollars), de l'Allemagne (1 496,0 de dollars) et de l'URSS (408,1 de dollars). La croissance du commerce en Ouganda était supérieure à celle de l'Italie (2,3%), de l'Allemagne (1,8%) et de l'URSS (-0,62%); mais inférieure à celle du Japon (4,9%) et des États-Unis (4,4%).

Les années 1990

La valeur ajoutée du commerce en Ouganda était de 774,2 millions de dollars par an dans les années 1990, se classant au 107ème rang mondial. La part dans le monde était de 0,019% et de 0,91% en Afrique.

La part du commerce dans l'économie de l'Ouganda était de 14,2% dans les années 1990, se classant au 111ème rang mondial, à égalité avec la république du Congo (14,2%), la Palestine (14,2%), le Royaume-Uni (14,2%).

Le commerce par habitant en Ouganda était de 38.5 dollars dans les années 1990, au 187ème rang mondial. Le commerce par habitant en Ouganda était 18,8 fois inférieur le commerce par habitant au Monde (721,8 US$), et 3,1 fois inférieur le commerce par habitant en Afrique (120,3 US$).

La croissance du commerce en Ouganda était de 8.8% dans les années 1990, se situant au 10ème rang mondial. La croissance du commerce en Ouganda (8,8%) a été supérieure à celle du monde (3,5%), et supérieure à celle de l'Afrique (2,8%).

Comparaison avec les voisins. La valeur du commerce en Ouganda était supérieure à celle du Rwanda (135,7 millions de dollars); mais inférieure à celle du Soudan (2,4 milliards de dollars), de la RDC (1,5 milliards de dollars), de la Tanzanie (1,4 milliards de dollars) et du Kenya (971,5 millions de dollars). Le commerce par habitant en Ouganda était supérieur à celui de la république démocratique du Congo (36,6 de dollars), du Kenya (35,5 de dollars) et du Rwanda (20,6 de dollars); mais inférieur à celui du Soudan (82,5 de dollars) et de la Tanzanie (49,5 de dollars). La croissance du commerce en Ouganda était supérieure à celle du Soudan (7,0%), de la Tanzanie (4,1%), du Kenya (2,8%), du Rwanda (2,2%) et de la république démocratique du Congo (-2,3%).

Comparaison avec les leaders. Le commerce de l'Ouganda était inférieur à celui des États-Unis (1,2 billions de dollars), du Japon (713,2 milliards de dollars), de l'Allemagne (243,7 milliards de dollars), de l'Italie (185,6 milliards de dollars) et de la France (177,0 milliards de dollars). Le commerce par habitant en Ouganda était inférieur à celui du Japon (5 656,5 de dollars), des États-Unis (4 395,6 de dollars), de l'Italie (3 255,0 de dollars), de l'Allemagne (3 021,8 de dollars) et de la France (2 980,3 de dollars). La croissance du commerce en Ouganda était supérieure à celle des États-Unis (4,3%), du Japon (3,8%), de l'Allemagne (2,5%), de la France (2,4%) et de l'Italie (1,9%).

Les années 2000

Le commerce de l'Ouganda était de 1,6 milliards de dollars par an dans les années 2000, au 107ème rang mondial à égalité avec la Bosnie-Herzégovine (1,6 milliards de dollars), le Sénégal (1,6 milliards de dollars), la république démocratique du Congo (1,6 milliards de dollars). La part dans le monde était de 0,025% et de 1,1% en Afrique.

La part du commerce dans l'économie de l'Ouganda était de 15,2% dans les années 2000, au 96ème rang mondial, à égalité avec les Fidji (15,2%), l'Égypte (15,3%).

Le commerce par habitant en Ouganda était de 59.2 dollars dans les années 2000, se situant au 192ème rang mondial, à égalité avec l'Est (59,5 de dollars), le Mali (57,9 de dollars). Le commerce par habitant en Ouganda était 16,7 fois inférieur le commerce par habitant au Monde (990,3 US$), et 2,8 fois inférieur le commerce par habitant en Afrique (164,0 US$).

La croissance du commerce en Ouganda était de 7.8% dans les années 2000, se situant au 39ème rang mondial, à égalité avec la Lettonie (7,8%), l'Algérie (7,8%), l'Afrique centrale (7,8%). La croissance du commerce en Ouganda (7,8%) a été supérieure à celle du monde (2,7%), et supérieure à celle de l'Afrique (5,9%).

Comparaison avec les voisins. Le secteur du commerce en Ouganda était supérieur à celui du Rwanda (309,7 millions de dollars); mais inférieur à celui du Soudan (5,3 milliards de dollars), de la Tanzanie (2,4 milliards de dollars), du Kenya (2,0 milliards de dollars) et de la RDC (1,6 milliards de dollars). Le commerce par habitant en Ouganda était supérieur à celui du Kenya (55,9 de dollars), du Rwanda (35,1 de dollars) et de la RDC (30,4 de dollars); mais inférieur à celui du Soudan (138,3 de dollars) et de la Tanzanie (64,2 de dollars). La croissance du commerce en Ouganda était supérieure à celle de la Tanzanie (6,6%), du Kenya (4,4%), de la république démocratique du Congo (4,2%) et du Soudan (4,0%); mais inférieure à celle du Rwanda (12,5%).

Comparaison avec les leaders. Le commerce de l'Ouganda était inférieur à celui des États-Unis (1,9 billions de dollars), du Japon (771,8 milliards de dollars), de l'Allemagne (296,0 milliards de dollars), du Royaume-Uni (293,5 milliards de dollars) et de la Chine (262,0 milliards de dollars). Le commerce par habitant en Ouganda était inférieur à celui des États-Unis (6 383,1 de dollars), du Japon (6 021,3 de dollars), du Royaume-Uni (4 856,7 de dollars), de l'Allemagne (3 637,0 de dollars) et de la Chine (197,5 de dollars). La croissance du commerce en Ouganda était supérieure à celle de l'Allemagne (1,7%), du Royaume-Uni (1,3%), des États-Unis (1,1%) et du Japon (-0,77%); mais inférieure à celle de la Chine (11,9%).

Les années 2010

Le secteur du commerce en Ouganda était de 4,1 milliards de dollars par an dans les années 2010, au 99ème rang mondial. La part dans le monde était de 0,039% et de 1,2% en Afrique.

La part du commerce dans l'économie de l'Ouganda était de 17,3% dans les années 2010, se classant au 78ème rang mondial, à égalité avec l'Autriche (17,3%), l'Afrique de l'Ouest (17,4%), Chypre (17,2%).

Le commerce par habitant en Ouganda était de 109.3 dollars dans les années 2010, au 191ème rang mondial, à égalité avec la Tanzanie (107,4 de dollars). Le commerce par habitant en Ouganda était 13,1 fois inférieur le commerce par habitant au Monde (1 436,8 US$), et 2,7 fois inférieur le commerce par habitant en Afrique (291,7 US$).

La croissance du commerce en Ouganda était de 5.3% dans les années 2010, se situant au 52ème rang mondial, à égalité avec d'Israël (5,2%), l'Estonie (5,2%), la République dominicaine (5,3%). La croissance du commerce en Ouganda (5,3%) a été supérieure à celle du monde (3,3%), et supérieure à celle de l'Afrique (3,4%).

Comparaison avec les voisins. Le secteur du commerce en Ouganda était 4,8% supérieur à celui de la république démocratique du Congo (4,0 milliards de dollars) et 4,5 fois supérieur à celui du Rwanda (915,7 millions de dollars); mais 3,0 fois inférieur à celui du Soudan (12,4 milliards de dollars), 25,0% inférieur à celui du Kenya (5,5 milliards de dollars) et 24,2% inférieur à celui de la Tanzanie (5,5 milliards de dollars). Le commerce par habitant en Ouganda était 1,7% supérieur à celui de la Tanzanie (107,4 de dollars), 34,6% supérieur à celui du Rwanda (81,2 de dollars) et 2,1 fois supérieur à celui de la république démocratique du Congo (52,5 de dollars); mais 3,0 fois inférieur à celui du Soudan (322,5 de dollars) et 6,5% inférieur à celui du Kenya (116,9 de dollars). La croissance du commerce en Ouganda était supérieure à celle de la RDC (4,9%) et du Soudan (2,7%); mais inférieure à celle du Rwanda (9,4%), du Kenya (6,3%) et de la Tanzanie (6,2%).

Comparaison avec les leaders. La valeur ajoutée du commerce en Ouganda était 631,0 fois inférieure à celle des États-Unis (2,6 billions de dollars), 288,1 fois inférieure à celle de la Chine (1,2 billions de dollars), 209,8 fois inférieure à celle du Japon (869,5 milliards de dollars), 89,9 fois inférieure à celle de l'Allemagne (372,6 milliards de dollars) et 79,6 fois inférieure à celle du Royaume-Uni (330,0 milliards de dollars). Le commerce par habitant en Ouganda était 74,9 fois inférieur à celui des États-Unis (8 186,4 de dollars), 62,2 fois inférieur à celui du Japon (6 797,1 de dollars), 46,0 fois inférieur à celui du Royaume-Uni (5 030,4 de dollars), 41,6 fois inférieur à celui de l'Allemagne (4 551,8 de dollars) et 7,8 fois inférieur à celui de la Chine (851,7 de dollars). La croissance du commerce en Ouganda était supérieure à celle du Royaume-Uni (2,8%), des États-Unis (2,3%), de l'Allemagne (2,0%) et du Japon (0,77%); mais inférieure à celle de la Chine (8,9%).

Chapitre IX. Services

(ISIC J-P)

La valeur des services en Ouganda est passé de 551,0 millions de dollars par an dans les années 1970 à 6,7 milliards de dollars par an dans les années 2010, c'est-à-dire 6,1 milliards de dollars ou de 12,2 fois. La variation a été de 3,4 milliards de dollars en raison de l'augmentation de 2,0 fois des prix, et de 1,4 milliards de dollars en raison de la croissance de productivité de 1,7 fois, et de 1,4 milliards de dollars en raison de la croissance démographique. La croissance annuelle moyenne des services était de 4,3%. La valeur minimale était de 321,7 millions de dollars en 1970. La valeur maximale était de 9,0 milliards de dollars en 2019.

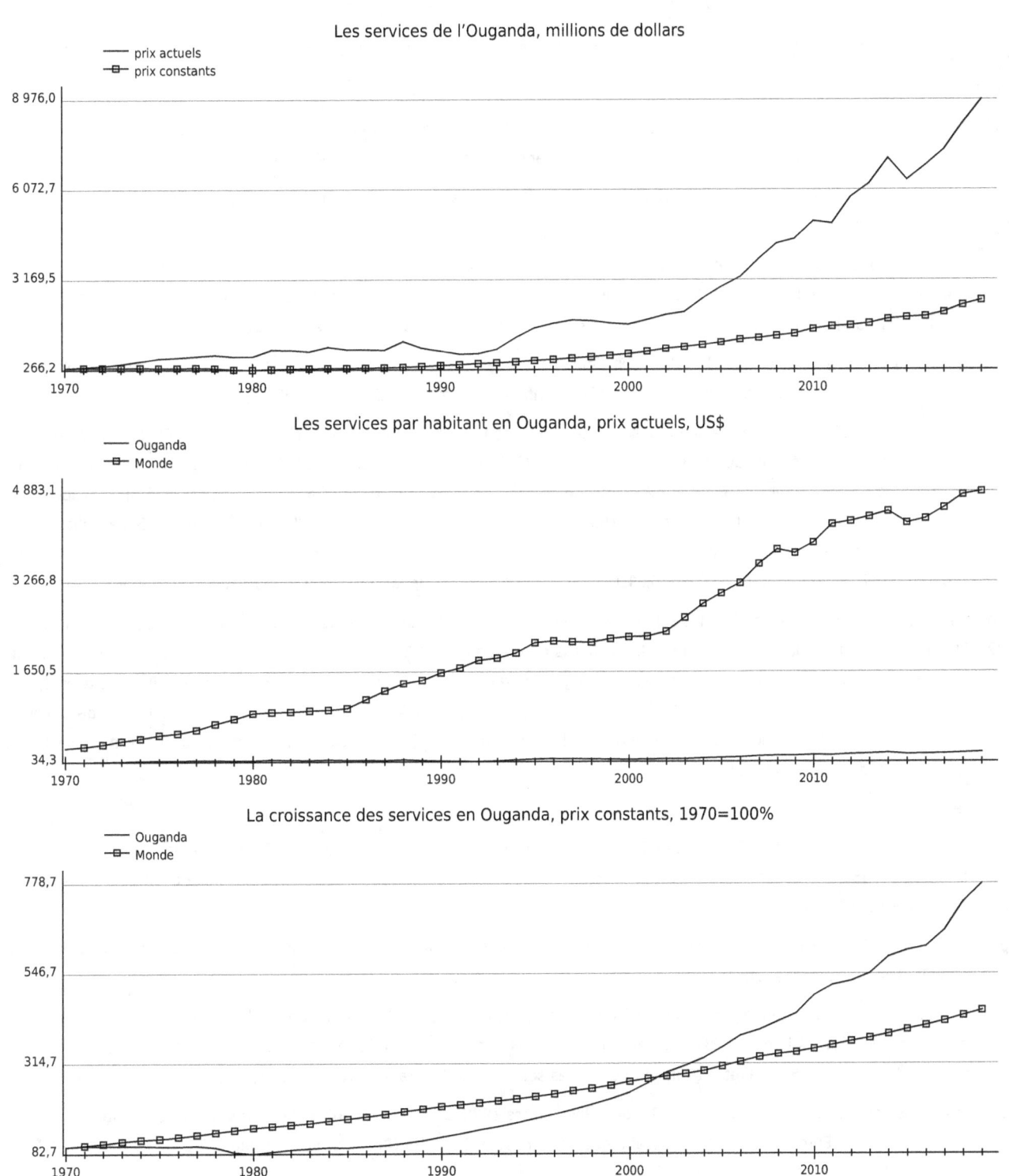

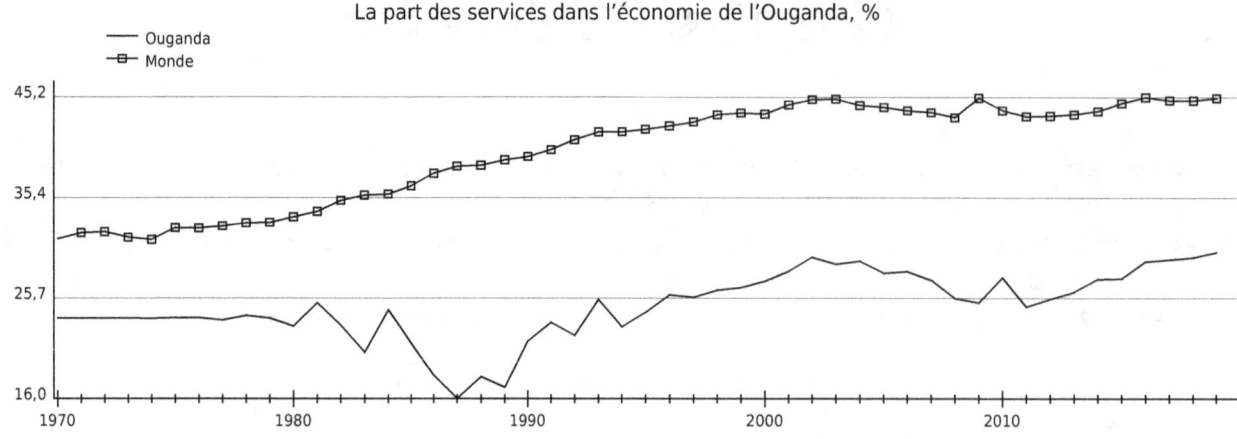

La part des services dans l'économie de l'Ouganda, %

Les années 1970

La valeur des services en Ouganda était de 551,0 millions de dollars par an dans les années 1970, se classant au 92ème rang mondial à égalité avec Madagascar (545,1 millions de dollars). La part dans le monde était de 0,027% et de 0,86% en Afrique.

La part des services dans l'économie de l'Ouganda était de 23,8% dans les années 1970, au 123ème rang mondial, à égalité avec l'Est (23,8%), l'Asie (23,9%).

Les services par habitant en Ouganda étaient de 51.7 dollars dans les années 1970, se classant au 154ème rang mondial, à égalité avec le Bénin (51,3 de dollars), l'Asie du Sud-Est (50,8 de dollars). Les services par habitant en Ouganda étaient 9,8 fois inférieures les services par habitant au Monde (506,9 US$), et 3,0 fois inférieures les services par habitant en Afrique (156,0 US$).

La croissance des services en Ouganda était de -1.6% dans les années 1970, au 180ème rang mondial. La croissance des services en Ouganda (-1,6%) a été inférieure à celle du monde (4,1%), et inférieure à celle de l'Afrique (5,5%).

Comparaison avec les voisins. La valeur ajoutée des services en Ouganda était supérieure à celle du Rwanda (66,4 millions de dollars); mais inférieure à celle de la république démocratique du Congo (2,0 milliards de dollars), de la Tanzanie (1,6 milliards de dollars), du Kenya (1,5 milliards de dollars) et du Soudan (622,7 millions de dollars). Les services par habitant en Ouganda étaient supérieures à celles du Soudan (39,1 de dollars) et du Rwanda (15,3 de dollars); mais inférieures à celles du Kenya (112,5 de dollars), de la Tanzanie (105,0 de dollars) et de la RDC (87,4 de dollars). La croissance des services en Ouganda était inférieure à celle de la Tanzanie (8,4%), du Kenya (7,2%), du Soudan (6,3%), du Rwanda (3,8%) et de la république démocratique du Congo (1,0%).

Comparaison avec les leaders. Le secteur des services en Ouganda était inférieur à celui des États-Unis (674,4 milliards de dollars), de l'URSS (168,3 milliards de dollars), du Japon (153,8 milliards de dollars), de l'Allemagne (150,2 milliards de dollars) et de la France (121,8 milliards de dollars). Les services par habitant en Ouganda étaient inférieures à celles des États-Unis (3 090,2 de dollars), de la France (2 271,8 de dollars), de l'Allemagne (1 907,6 de dollars), du Japon (1 381,3 de dollars) et de l'URSS (667,3 de dollars). La croissance des services en Ouganda était inférieure à celle du Japon (5,9%), de l'Allemagne (4,8%), de la France (3,9%), des États-Unis (3,3%) et de l'URSS (0,90%).

Les années 1980

Le secteur des services en Ouganda était de 927,1 millions de dollars par an dans les années 1980, au 102ème rang mondial à égalité avec le Nicaragua (935,3 millions de dollars), la république démocratique du Congo (907,1 millions de dollars). La part dans le monde était de 0,017% et de 0,73% en Afrique.

La part des services dans l'économie de l'Ouganda était de 20,1% dans les années 1980, se situant au 156ème rang mondial, à égalité avec d'Haïti (20,3%), la Thaïlande (20,0%).

Les services par habitant en Ouganda étaient de 64.2 dollars dans les années 1980, se situant au 165ème rang mondial, à égalité avec la Guinée (65,7 de dollars), l'Albanie (65,8 de dollars). Les services par habitant en Ouganda étaient 17,4 fois inférieures les services par habitant au Monde (1 115,5 US$), et 3,7 fois inférieures les services par habitant en Afrique (235,7 US$).

La croissance des services en Ouganda était de 3% dans les années 1980, se situant au 108ème rang mondial, à égalité avec le Tchad (3,0%), le Qatar (3,0%), l'Europe (3,0%). La croissance des services en Ouganda (3,0%) a été inférieure à celle du monde (3,3%), et inférieure à celle de l'Afrique (3,9%).

Chapitre IX. Services

Comparaison avec les voisins. La valeur des services en Ouganda était supérieure à celle de la république démocratique du Congo (907,1 millions de dollars) et du Rwanda (369,3 millions de dollars); mais inférieure à celle du Kenya (3,4 milliards de dollars), de la Tanzanie (2,9 milliards de dollars) et du Soudan (1,5 milliards de dollars). Les services par habitant en Ouganda étaient supérieures à celles du Rwanda (60,2 de dollars) et de la RDC (30,6 de dollars); mais inférieures à celles du Kenya (176,1 de dollars), de la Tanzanie (136,7 de dollars) et du Soudan (66,0 de dollars). La croissance des services en Ouganda était supérieure à celle de la Tanzanie (2,3%) et de la RDC (1,8%); mais inférieure à celle du Kenya (5,5%), du Rwanda (5,4%) et du Soudan (5,4%).

Comparaison avec les leaders. Les services de l'Ouganda étaient inférieures à celles des États-Unis (1,9 billions de dollars), du Japon (619,9 milliards de dollars), de l'Allemagne (362,2 milliards de dollars), de la France (294,5 milliards de dollars) et du Royaume-Uni (265,4 milliards de dollars). Les services par habitant en Ouganda étaient inférieures à celles des États-Unis (7 844,6 de dollars), de la France (5 211,0 de dollars), du Japon (5 111,4 de dollars), du Royaume-Uni (4 700,6 de dollars) et de l'Allemagne (4 642,6 de dollars). La croissance des services en Ouganda était supérieure à celle des États-Unis (2,8%) et de la France (2,3%); mais inférieure à celle du Japon (4,8%), du Royaume-Uni (3,3%) et de l'Allemagne (3,1%).

Les années 1990

La valeur des services en Ouganda était de 1,4 milliards de dollars par an dans les années 1990, se situant au 118ème rang mondial à égalité avec le Botswana (1,4 milliards de dollars). La part dans le monde était de 0,012% et de 0,88% en Afrique.

La part des services dans l'économie de l'Ouganda était de 24,8% dans les années 1990, se situant au 144ème rang mondial, à égalité avec la Lettonie (24,7%), la Thaïlande (24,7%).

Les services par habitant en Ouganda étaient de 67.2 dollars dans les années 1990, se situant au 187ème rang mondial, à égalité avec le Mali (67,7 de dollars), le Malawi (66,2 de dollars). Les services par habitant en Ouganda étaient 30,0 fois inférieures les services par habitant au Monde (2 014,6 US$), et 3,2 fois inférieures les services par habitant en Afrique (217,8 US$).

La croissance des services en Ouganda était de 6.8% dans les années 1990, au 23ème rang mondial. La croissance des services en Ouganda (6,8%) a été supérieure à celle du monde (2,7%), et supérieure à celle de l'Afrique (2,6%).

Comparaison avec les voisins. La valeur des services en Ouganda était supérieure à celle de la république démocratique du Congo (830,7 millions de dollars) et du Rwanda (476,5 millions de dollars); mais inférieure à celle du Kenya (4,3 milliards de dollars), de la Tanzanie (1,8 milliards de dollars) et du Soudan (1,4 milliards de dollars). Les services par habitant en Ouganda étaient supérieures à celles de la Tanzanie (61,0 de dollars), du Soudan (49,6 de dollars) et de la RDC (20,5 de dollars); mais inférieures à celles du Kenya (155,4 de dollars) et du Rwanda (72,2 de dollars). La croissance des services en Ouganda était supérieure à celle du Rwanda (6,5%), du Soudan (3,2%), de la Tanzanie (2,6%), du Kenya (0,57%) et de la république démocratique du Congo (-2,5%).

Comparaison avec les leaders. La valeur ajoutée des services en Ouganda était inférieure à celle des États-Unis (3,8 billions de dollars), du Japon (1,6 billions de dollars), de l'Allemagne (908,0 milliards de dollars), de la France (628,2 milliards de dollars) et du Royaume-Uni (592,3 milliards de dollars). Les services par habitant en Ouganda étaient inférieures à celles des États-Unis (14 354,4 de dollars), du Japon (12 820,4 de dollars), de l'Allemagne (11 259,5 de dollars), de la France (10 578,2 de dollars) et du Royaume-Uni (10 233,8 de dollars). La croissance des services en Ouganda était supérieure à celle de l'Allemagne (3,2%), du Royaume-Uni (3,0%), des États-Unis (2,3%), du Japon (1,7%) et de la France (1,6%).

Les années 2000

Le secteur des services en Ouganda était de 2,9 milliards de dollars par an dans les années 2000, se classant au 110ème rang mondial à égalité avec la Nouvelle-Calédonie (2,9 milliards de dollars), la Bolivie (2,9 milliards de dollars). La part dans le monde était de 0,015% et de 1,0% en Afrique.

La part des services dans l'économie de l'Ouganda était de 27,4% dans les années 2000, se situant au 141ème rang mondial, à égalité avec l'Iran (27,5%), l'Est (27,5%), le Cameroun (27,2%).

Les services par habitant en Ouganda étaient de 106.5 dollars dans les années 2000, se classant au 186ème rang mondial, à égalité avec la Gambie (108,6 de dollars), l'Est (108,9 de dollars). Les services par habitant en Ouganda étaient 28,3 fois inférieures les services par habitant au Monde (3 011,2 US$), et 3,0 fois inférieures les services par habitant en Afrique (314,3 US$).

La croissance des services en Ouganda était de 7.1% dans les années 2000, se situant au 29ème rang mondial, à égalité avec Maurice (7,0%), l'Inde (7,1%). La croissance des services en Ouganda (7,1%) a été supérieure à celle du monde (2,9%), et supérieure à celle de l'Afrique (5,1%).

Comparaison avec les voisins. La valeur des services en Ouganda était supérieure à celle de la république démocratique du Congo (1,8 milliards de dollars) et du Rwanda (986,1 millions de dollars); mais inférieure à celle du Kenya (7,4 milliards de dollars), du Soudan (5,4 milliards de dollars) et de la Tanzanie (4,2 milliards de dollars). Les services par habitant en Ouganda étaient supérieures à celles de la RDC (33,1 de dollars); mais inférieures à celles du Kenya (205,3 de dollars), du Soudan (141,8 de dollars), du Rwanda (111,7 de dollars) et de la Tanzanie (110,7 de dollars). La croissance des services en Ouganda était supérieure à celle du Soudan (6,9%), de la Tanzanie (6,5%), du Kenya (2,5%) et de la république démocratique du Congo (2,3%); mais inférieure à celle du Rwanda (8,4%).

Comparaison avec les leaders. Les services de l'Ouganda étaient inférieures à celles des États-Unis (6,7 billions de dollars), du Japon (2,0 billions de dollars), de l'Allemagne (1,2 billions de dollars), du Royaume-Uni (1,1 billions de dollars) et de la France (997,0 milliards de dollars). Les services par habitant en Ouganda étaient inférieures à celles des États-Unis (22 883,5 de dollars), du Royaume-Uni (18 012,4 de dollars), de la France (15 875,1 de dollars), du Japon (15 302,2 de dollars) et de l'Allemagne (14 979,9 de dollars). La croissance des services en Ouganda était supérieure à celle du Royaume-Uni (2,7%), des États-Unis (2,0%), de la France (1,5%), du Japon (1,2%) et de l'Allemagne (0,57%).

Les années 2010

Les services de l'Ouganda étaient de 6,7 milliards de dollars par an dans les années 2010, se classant au 104ème rang mondial. La part dans le monde était de 0,020% et de 1,1% en Afrique.

La part des services dans l'économie de l'Ouganda était de 28,0% dans les années 2010, se classant au 153ème rang mondial, à égalité avec l'Afrique (28,0%), les Comores (28,0%), Madagascar (27,9%).

Les services par habitant en Ouganda étaient de 176.6 dollars dans les années 2010, se classant au 191ème rang mondial. Les services par habitant en Ouganda étaient 25,3 fois inférieures les services par habitant au Monde (4 467,8 US$), et 3,0 fois inférieures les services par habitant en Afrique (528,2 US$).

La croissance des services en Ouganda était de 5.8% dans les années 2010, se situant au 33ème rang mondial, à égalité avec l'Arménie (5,8%), le Kenya (5,8%), Sierra Leone (5,8%). La croissance des services en Ouganda (5,8%) a été supérieure à celle du monde (2,7%), et supérieure à celle de l'Afrique (3,4%).

Comparaison avec les voisins. Le secteur des services en Ouganda était 45,0% supérieur à celui de la république démocratique du Congo (4,6 milliards de dollars) et 2,6 fois supérieur à celui du Rwanda (2,6 milliards de dollars); mais 2,6 fois inférieur à celui du Kenya (17,7 milliards de dollars), 2,6 fois inférieur à celui du Soudan (17,6 milliards de dollars) et 29,9% inférieur à celui de la Tanzanie (9,6 milliards de dollars). Les services par habitant en Ouganda étaient 2,9 fois supérieures à celles de la RDC (61,3 de dollars); mais 2,6 fois inférieures à celles du Soudan (455,7 de dollars), 2,1 fois inférieures à celles du Kenya (373,6 de dollars), 23,6% inférieures à celles du Rwanda (231,2 de dollars) et 5,9% inférieures à celles de la Tanzanie (187,8 de dollars). La croissance des services en Ouganda était supérieure à celle du Kenya (5,8%), du Soudan (5,5%) et de la république démocratique du Congo (3,6%); mais inférieure à celle du Rwanda (6,7%) et de la Tanzanie (6,5%).

Comparaison avec les leaders. La valeur ajoutée des services en Ouganda était 1 486,4 fois inférieure à celle des États-Unis (10,0 billions de dollars), 529,6 fois inférieure à celle de la Chine (3,5 billions de dollars), 339,5 fois inférieure à celle du Japon (2,3 billions de dollars), 240,0 fois inférieure à celle de l'Allemagne (1,6 billions de dollars) et 202,4 fois inférieure à celle du Royaume-Uni (1,4 billions de dollars). Les services par habitant en Ouganda étaient 176,4 fois inférieures à celles des États-Unis (31 159,6 de dollars), 117,0 fois inférieures à celles du Royaume-Uni (20 663,8 de dollars), 111,2 fois inférieures à celles de l'Allemagne (19 637,7 de dollars), 100,6 fois inférieures à celles du Japon (17 771,8 de dollars) et 14,3 fois inférieures à celles de la Chine (2 529,2 de dollars). La croissance des services en Ouganda était supérieure à celle des États-Unis (1,8%), du Royaume-Uni (1,7%), de l'Allemagne (1,2%) et du Japon (0,99%); mais inférieure à celle de la Chine (8,4%).

Partie III. Relations extérieures

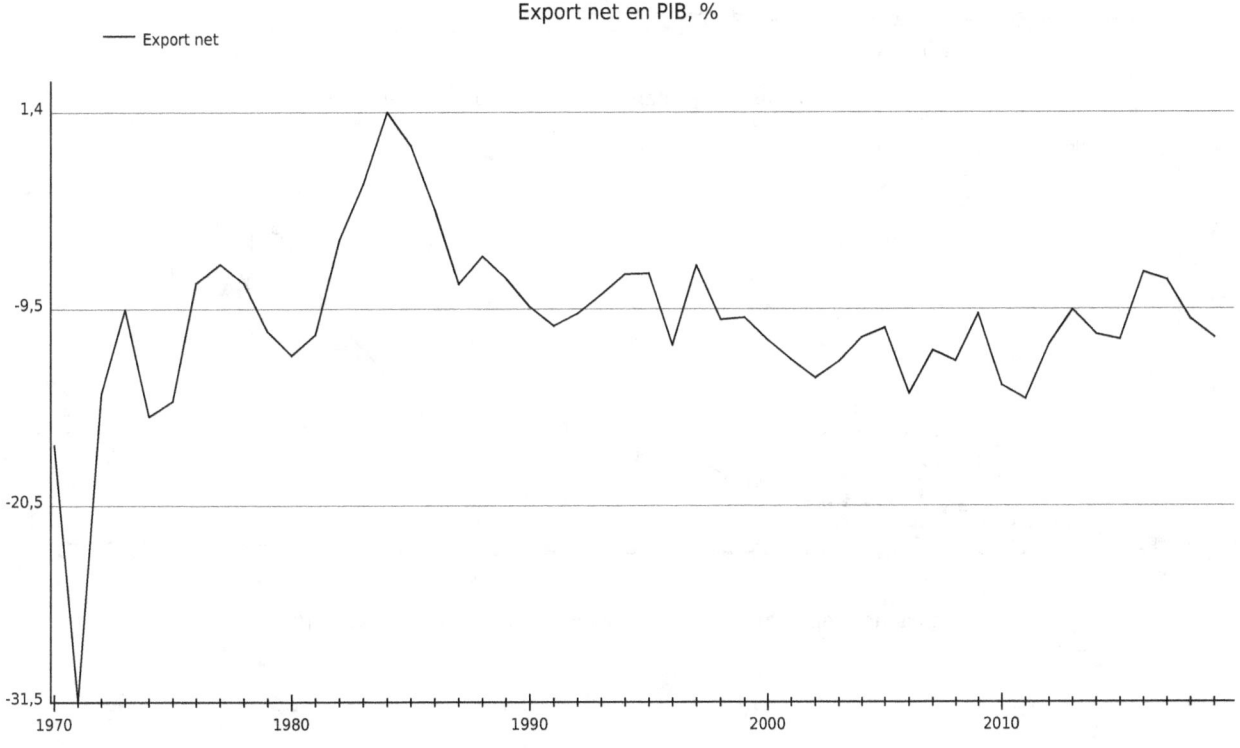

Chapitre X. Exportations

La valeur des exportations en Ouganda est passé de 378,3 millions de dollars par an dans les années 1970 à 4,8 milliards de dollars par an dans les années 2010, c'est-à-dire 4,4 milliards de dollars ou de 12,7 fois. La variation a été de -2,8 milliards de dollars en raison de la baisse de 1,6 fois du prix, et de 6,2 milliards de dollars en raison de la croissance du taux par habitant de 5,6 fois, et de 967,5 millions de dollars en raison de la croissance démographique. La croissance annuelle moyenne des exportations était de 6,5%. La valeur minimale était de 138,7 millions de dollars en 1981. La valeur maximale était de 5,6 milliards de dollars en 2018.

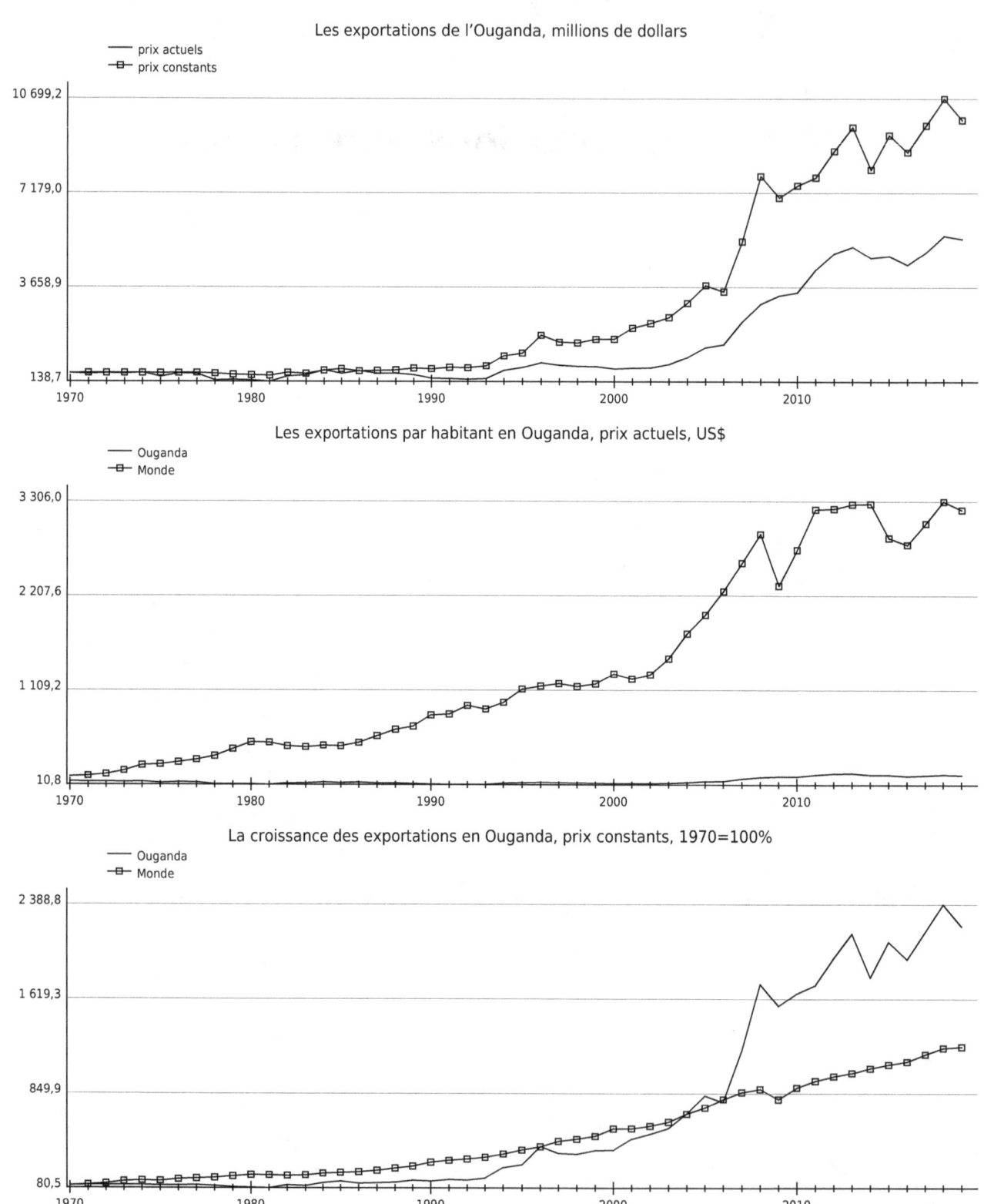

Chapitre X. Exportations

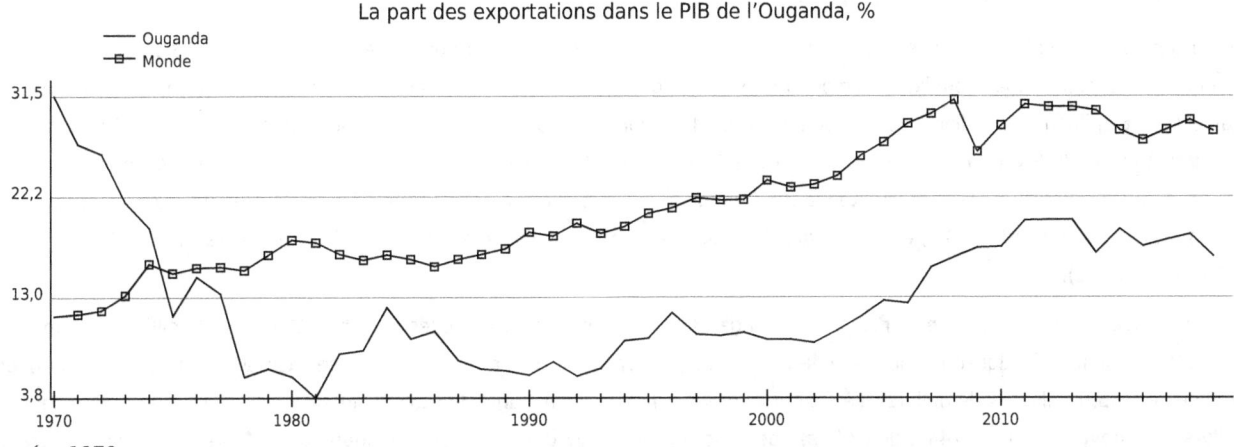

Les années 1970

La valeur des exportations en Ouganda était de 378,3 millions de dollars par an dans les années 1970, au 104ème rang mondial à égalité avec le Suriname (378,7 millions de dollars), le Liberia (377,8 millions de dollars), Madagascar (369,3 millions de dollars). La part dans le monde était de 0,039% et de 0,67% en Afrique.

La part des exportations dans le PIB de l'Ouganda était de 15,5% dans les années 1970, se classant au 139ème rang mondial, à égalité avec la Palestine (15,5%), le Malawi (15,5%), l'Australasie (15,5%).

Les exportations par habitant en Ouganda étaient de 35.5 dollars dans les années 1970, se situant au 155ème rang mondial, à égalité avec le Bhoutan (35,1 de dollars). Les exportations par habitant en Ouganda étaient 6,8 fois inférieures les exportations par habitant au Monde (242,1 US$), et 3,9 fois inférieures les exportations par habitant en Afrique (137,0 US$).

La croissance des exportations en Ouganda était de -1.4% dans les années 1970, au 170ème rang mondial, à égalité avec la Mauritanie (-1,4%). La croissance des exportations en Ouganda (-1,4%) a été inférieure à celle du monde (6,5%), et inférieure à celle de l'Afrique (5,7%).

Comparaison avec les voisins. La valeur des exportations en Ouganda était supérieure à celle du Soudan (323,1 millions de dollars) et du Rwanda (62,0 millions de dollars); mais inférieure à celle de la RDC (3,0 milliards de dollars), du Kenya (977,4 millions de dollars) et de la Tanzanie (518,1 millions de dollars). Les exportations par habitant en Ouganda étaient supérieures à celles de la Tanzanie (33,1 de dollars), du Soudan (20,3 de dollars) et du Rwanda (14,3 de dollars); mais inférieures à celles de la RDC (130,6 de dollars) et du Kenya (72,9 de dollars). La croissance des exportations en Ouganda était supérieure à celle de la Tanzanie (-1,7%) et du Soudan (-2,1%); mais inférieure à celle du Rwanda (10,4%), de la république démocratique du Congo (9,4%) et du Kenya (1,9%).

Comparaison avec les leaders. Les exportations de l'Ouganda étaient inférieures à celles des États-Unis (128,0 milliards de dollars), de l'Allemagne (82,9 milliards de dollars), de la France (64,3 milliards de dollars), du Japon (64,1 milliards de dollars) et du Royaume-Uni (61,3 milliards de dollars). Les exportations par habitant en Ouganda étaient inférieures à celles de la France (1 199,1 de dollars), du Royaume-Uni (1 094,1 de dollars), de l'Allemagne (1 052,2 de dollars), des États-Unis (586,5 de dollars) et du Japon (575,8 de dollars). La croissance des exportations en Ouganda était inférieure à celle du Japon (8,6%), de la France (7,8%), des États-Unis (6,8%), de l'Allemagne (5,1%) et du Royaume-Uni (5,0%).

Les années 1980

La valeur des exportations en Ouganda était de 382,2 millions de dollars par an dans les années 1980, se situant au 128ème rang mondial à égalité avec l'Afghanistan (377,9 millions de dollars), le Nicaragua (376,9 millions de dollars), le Bénin (376,5 millions de dollars). La part dans le monde était de 0,015% et de 0,35% en Afrique.

La part des exportations dans le PIB de l'Ouganda était de 7,7% dans les années 1980, se classant au 170ème rang mondial.

Les exportations par habitant en Ouganda étaient de 26.5 dollars dans les années 1980, se classant au 169ème rang mondial. Les exportations par habitant en Ouganda étaient 20,0 fois inférieures les exportations par habitant au Monde (529,9 US$), et 7,6 fois inférieures les exportations par habitant en Afrique (201,4 US$).

La croissance des exportations en Ouganda était de 4.9% dans les années 1980, au 72ème rang mondial, à égalité avec la Tunisie (4,8%), la Norvège (4,9%), la Colombie (4,9%). La croissance des exportations en Ouganda (4,9%) a été supérieure à celle du monde

(3,8%), et supérieure à celle de l'Afrique (-0,87%).

Comparaison avec les voisins. La valeur des exportations en Ouganda était supérieure à celle du Rwanda (153,1 millions de dollars); mais inférieure à celle de la république démocratique du Congo (4,3 milliards de dollars), du Kenya (1,7 milliards de dollars), de la Tanzanie (531,6 millions de dollars) et du Soudan (501,4 millions de dollars). Les exportations par habitant en Ouganda étaient supérieures à celles du Rwanda (25,0 de dollars), de la Tanzanie (24,9 de dollars) et du Soudan (22,7 de dollars); mais inférieures à celles de la RDC (146,3 de dollars) et du Kenya (86,7 de dollars). La croissance des exportations en Ouganda était supérieure à celle du Kenya (3,3%), du Rwanda (2,0%) et du Soudan (-4,5%); mais inférieure à celle de la république démocratique du Congo (8,5%) et de la Tanzanie (6,7%).

Comparaison avec les leaders. Les exportations de l'Ouganda étaient inférieures à celles des États-Unis (338,6 milliards de dollars), du Japon (210,6 milliards de dollars), de l'Allemagne (208,1 milliards de dollars), de la France (155,9 milliards de dollars) et du Royaume-Uni (155,0 milliards de dollars). Les exportations par habitant en Ouganda étaient inférieures à celles de la France (2 757,6 de dollars), du Royaume-Uni (2 744,8 de dollars), de l'Allemagne (2 667,0 de dollars), du Japon (1 736,5 de dollars) et des États-Unis (1 413,8 de dollars). La croissance des exportations en Ouganda était supérieure à celle de l'Allemagne (4,7%), de la France (4,0%) et du Royaume-Uni (3,0%); mais inférieure à celle du Japon (6,7%) et des États-Unis (5,7%).

Les années 1990

Les exportations de l'Ouganda étaient de 517,0 millions de dollars par an dans les années 1990, se situant au 151ème rang mondial à égalité avec l'Arménie (522,1 millions de dollars), la Mongolie (523,2 millions de dollars), le Bénin (509,6 millions de dollars). La part dans le monde était de 0,0088% et de 0,36% en Afrique.

La part des exportations dans le PIB de l'Ouganda était de 8,9% dans les années 1990, au 200ème rang mondial.

Les exportations par habitant en Ouganda étaient de 25.7 dollars dans les années 1990, au 201ème rang mondial. Les exportations par habitant en Ouganda étaient 40,1 fois inférieures les exportations par habitant au Monde (1 029,5 US$), et 7,9 fois inférieures les exportations par habitant en Afrique (202,1 US$).

La croissance des exportations en Ouganda était de 10.5% dans les années 1990, se classant au 31ème rang mondial, à égalité avec Singapour (10,6%). La croissance des exportations en Ouganda (10,5%) a été supérieure à celle du monde (6,9%), et supérieure à celle de l'Afrique (2,5%).

Comparaison avec les voisins. Les exportations de l'Ouganda étaient supérieures à celles du Rwanda (111,2 millions de dollars); mais inférieures à celles de la république démocratique du Congo (2,5 milliards de dollars), du Kenya (2,5 milliards de dollars), de la Tanzanie (1,0 milliards de dollars) et du Soudan (549,6 millions de dollars). Les exportations par habitant en Ouganda étaient supérieures à celles du Soudan (19,0 de dollars) et du Rwanda (16,8 de dollars); mais inférieures à celles du Kenya (92,8 de dollars), de la RDC (62,6 de dollars) et de la Tanzanie (35,0 de dollars). La croissance des exportations en Ouganda était supérieure à celle du Soudan (8,3%), de la RDC (3,3%), du Kenya (3,2%) et du Rwanda (-2,3%); mais inférieure à celle de la Tanzanie (10,9%).

Comparaison avec les leaders. La valeur des exportations en Ouganda était inférieure à celle des États-Unis (773,6 milliards de dollars), de l'Allemagne (509,0 milliards de dollars), du Japon (418,7 milliards de dollars), de la France (329,8 milliards de dollars) et du Royaume-Uni (324,3 milliards de dollars). Les exportations par habitant en Ouganda étaient inférieures à celles de l'Allemagne (6 311,2 de dollars), du Royaume-Uni (5 602,2 de dollars), de la France (5 553,9 de dollars), du Japon (3 320,8 de dollars) et des États-Unis (2 925,3 de dollars). La croissance des exportations en Ouganda était supérieure à celle des États-Unis (7,2%), de la France (6,5%), de l'Allemagne (6,0%), du Royaume-Uni (5,7%) et du Japon (4,2%).

Les années 2000

Les exportations de l'Ouganda étaient de 1,5 milliards de dollars par an dans les années 2000, se situant au 141ème rang mondial à égalité avec la Mongolie (1,5 milliards de dollars), le Mali (1,5 milliards de dollars). La part dans le monde était de 0,012% et de 0,43% en Afrique.

La structure des exportations: produits primaires (62,7%), articles manufacturés provenant de ressources naturelles (13,8%), articles manufacturés à faible technologie (5,8%), articles manufacturés de technologie moyenne (6,6%), articles manufacturés à haute technologie (3,6%).

L'Ouganda a exporté des marchandises vers le Kenya (8,0%), les Pays-Bas (8,0%), la république démocratique du Congo (7,0%), le

Chapitre X. Exportations

Rwanda (6,9%), la Belgique (6,4%) et d'autres pays (63,6%).

La part des exportations dans le PIB de l'Ouganda était de 13,5% dans les années 2000, se situant au 196ème rang mondial, à égalité avec le Pakistan (13,6%), le Japon (13,4%).

Les exportations par habitant en Ouganda étaient de 56.4 dollars dans les années 2000, se situant au 198ème rang mondial, à égalité avec le Malawi (57,6 de dollars). Les exportations par habitant en Ouganda étaient 34,3 fois inférieures les exportations par habitant au Monde (1 933,7 US$), et 7,1 fois inférieures les exportations par habitant en Afrique (398,4 US$).

La croissance des exportations en Ouganda était de 15% dans les années 2000, au 8ème rang mondial. La croissance des exportations en Ouganda (15,0%) a été supérieure à celle du monde (4,8%), et supérieure à celle de l'Afrique (5,3%).

Comparaison avec les voisins. La valeur des exportations en Ouganda était supérieure à celle du Rwanda (318,8 millions de dollars); mais inférieure à celle du Soudan (5,3 milliards de dollars), du Kenya (5,0 milliards de dollars), de la RDC (3,3 milliards de dollars) et de la Tanzanie (3,2 milliards de dollars). Les exportations par habitant en Ouganda étaient supérieures à celles du Rwanda (36,1 de dollars); mais inférieures à celles du Soudan (138,1 de dollars), du Kenya (137,1 de dollars), de la Tanzanie (85,2 de dollars) et de la RDC (60,7 de dollars). La croissance des exportations en Ouganda était supérieure à celle du Rwanda (12,5%), de la Tanzanie (11,9%), de la république démocratique du Congo (5,0%) et du Kenya (4,6%); mais inférieure à celle du Soudan (20,5%).

Comparaison avec les leaders. La valeur des exportations en Ouganda était inférieure à celle des États-Unis (1,3 billions de dollars), de l'Allemagne (1,0 billions de dollars), de la Chine (780,2 milliards de dollars), du Japon (626,3 milliards de dollars) et du Royaume-Uni (591,1 milliards de dollars). Les exportations par habitant en Ouganda étaient inférieures à celles de l'Allemagne (12 836,9 de dollars), du Royaume-Uni (9 780,7 de dollars), du Japon (4 886,4 de dollars), des États-Unis (4 488,4 de dollars) et de la Chine (588,1 de dollars). La croissance des exportations en Ouganda était supérieure à celle de la Chine (12,7%), de l'Allemagne (5,0%), du Japon (3,5%), des États-Unis (3,3%) et du Royaume-Uni (2,8%).

Les années 2010

Les exportations de l'Ouganda étaient de 4,8 milliards de dollars par an dans les années 2010, au 126ème rang mondial à égalité avec la Jamaïque (4,8 milliards de dollars), le Laos (4,8 milliards de dollars), la Namibie (4,7 milliards de dollars). La part dans le monde était de 0,021% et de 0,77% en Afrique.

La structure des exportations: produits primaires (50,9%), articles manufacturés provenant de ressources naturelles (19,3%), articles manufacturés à faible technologie (8,3%), articles manufacturés de technologie moyenne (7,4%), articles manufacturés à haute technologie (3,4%).

L'Ouganda a exporté des marchandises vers le Kenya (14,7%), les Émirats arabes unis (11,1%), le Rwanda (10,1%), la république démocratique du Congo (9,5%), le Soudan (5,5%) et d'autres pays (49,1%).

La part des exportations dans le PIB de l'Ouganda était de 18,5% dans les années 2010, se situant au 180ème rang mondial, à égalité avec Sao Tomé-et-Principe (18,6%), le Nigeria (18,7%).

Les exportations par habitant en Ouganda étaient de 126.5 dollars dans les années 2010, se situant au 199ème rang mondial, à égalité avec la Gambie (125,8 de dollars), Sierra Leone (129,4 de dollars). Les exportations par habitant en Ouganda étaient 24,5 fois inférieures les exportations par habitant au Monde (3 098,9 US$), et 4,2 fois inférieures les exportations par habitant en Afrique (534,3 US$).

La croissance des exportations en Ouganda était de 3.5% dans les années 2010, se classant au 121ème rang mondial, à égalité avec les Tuvalu (3,5%), les Amériques (3,6%). La croissance des exportations en Ouganda (3,5%) a été inférieure à celle du monde (4,4%), et supérieure à celle de l'Afrique (-1,2%).

Comparaison avec les voisins. La valeur des exportations en Ouganda était 3,6 fois supérieure à celle du Rwanda (1,3 milliards de dollars); mais 2,4 fois inférieure à celle de la RDC (11,7 milliards de dollars), 2,1 fois inférieure à celle du Kenya (10,3 milliards de dollars), 43,5% inférieure à celle de la Tanzanie (8,5 milliards de dollars) et 9,3% inférieure à celle du Soudan (5,3 milliards de dollars). Les exportations par habitant en Ouganda étaient 7,6% supérieures à celles du Rwanda (117,6 de dollars); mais 41,7% inférieures à celles du Kenya (217,0 de dollars), 24,2% inférieures à celles de la Tanzanie (166,8 de dollars), 18,8% inférieures à celles de la république démocratique du Congo (155,8 de dollars) et 7,8% inférieures à celles du Soudan (137,3 de dollars). La croissance des exportations en Ouganda était supérieure à celle du Kenya (2,9%) et du Soudan (-8,8%); mais inférieure à celle du Rwanda (15,5%), de la RDC (12,8%) et de la Tanzanie (5,0%).

Comparaison avec les leaders. La valeur des exportations en Ouganda était 478,2 fois inférieure à celle de la Chine (2,3 billions de dollars), 473,3 fois inférieure à celle des États-Unis (2,3 billions de dollars), 351,0 fois inférieure à celle de l'Allemagne (1,7 billions de dollars), 179,2 fois inférieure à celle du Japon (859,4 milliards de dollars) et 170,0 fois inférieure à celle du Royaume-Uni (815,1 milliards de dollars). Les exportations par habitant en Ouganda étaient 162,6 fois inférieures à celles de l'Allemagne (20 563,4 de dollars), 98,2 fois inférieures à celles du Royaume-Uni (12 425,4 de dollars), 56,2 fois inférieures à celles des États-Unis (7 104,2 de dollars), 53,1 fois inférieures à celles du Japon (6 718,2 de dollars) et 12,9 fois inférieures à celles de la Chine (1 635,3 de dollars). La croissance des exportations en Ouganda était supérieure à celle du Royaume-Uni (3,1%); mais inférieure à celle de la Chine (6,8%), de l'Allemagne (4,7%), du Japon (4,6%) et des États-Unis (3,7%).

Chapitre XI. Importations

La valeur des importations en Ouganda est passé de 680,7 millions de dollars par an dans les années 1970 à 7,6 milliards de dollars par an dans les années 2010, c'est-à-dire 6,9 milliards de dollars ou de 11,1 fois. La variation a été de 2,7 milliards de dollars en raison de l'augmentation de 1,6 fois des prix, et de 2,4 milliards de dollars en raison de la croissance du taux par habitant de 2,0 fois, et de 1,7 milliards de dollars en raison de la croissance démographique. La croissance annuelle moyenne des importations était de 4,2%. La valeur minimale était de 449,5 millions de dollars en 1978. La valeur maximale était de 9,1 milliards de dollars en 2019.

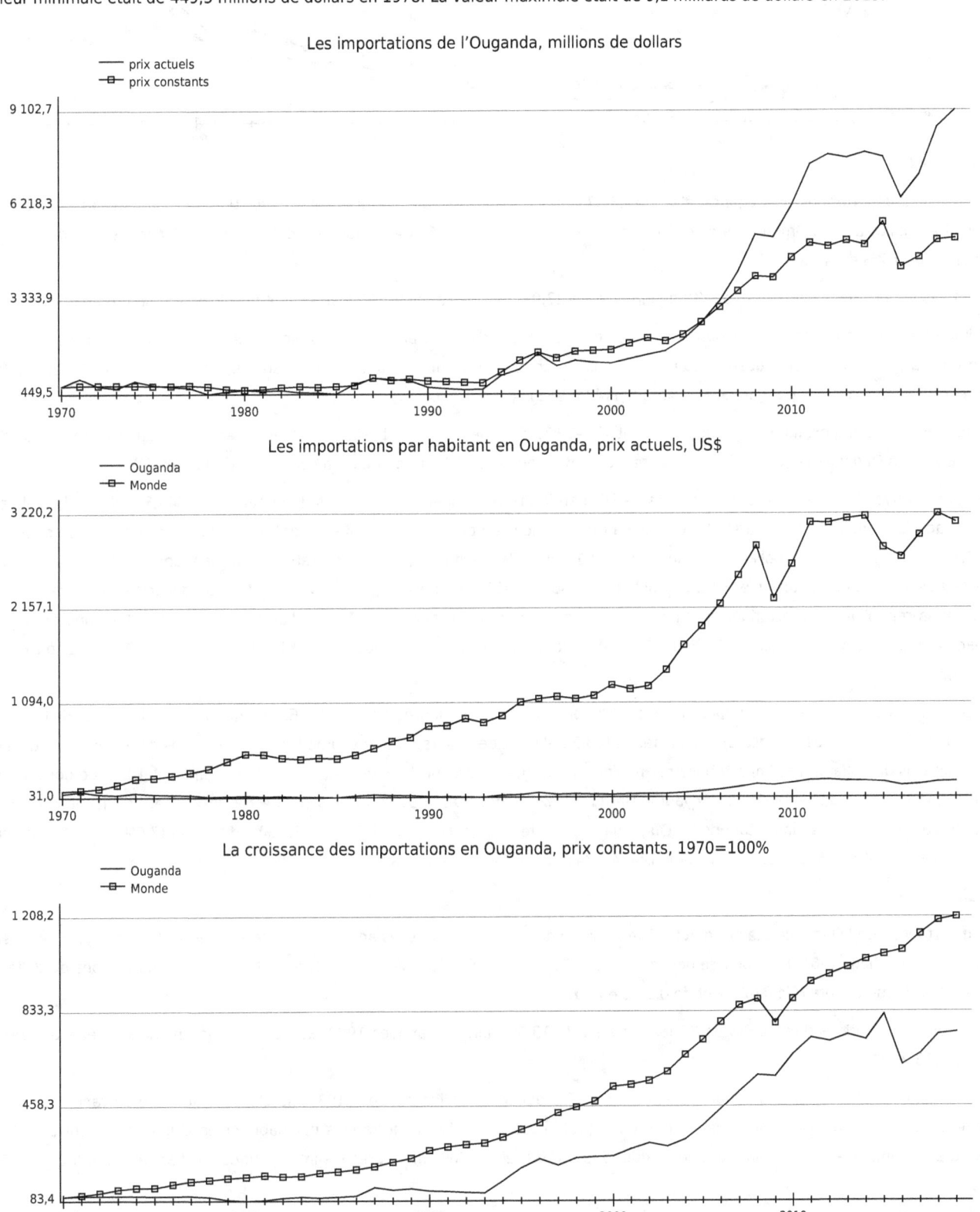

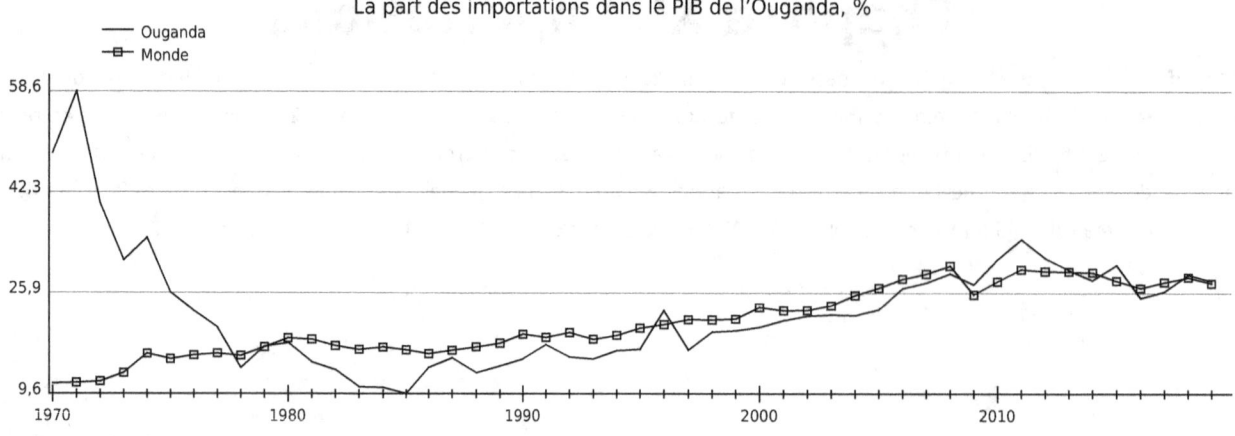

La part des importations dans le PIB de l'Ouganda, %

Les années 1970

La valeur des importations en Ouganda était de 680,7 millions de dollars par an dans les années 1970, se classant au 90ème rang mondial à égalité avec d'Oman (679,4 millions de dollars), le Honduras (684,4 millions de dollars). La part dans le monde était de 0,069% et de 1,2% en Afrique.

La part des importations dans le PIB de l'Ouganda était de 27,9% dans les années 1970, se situant au 113ème rang mondial.

Les importations par habitant en Ouganda étaient de 63.9 dollars dans les années 1970, se situant au 155ème rang mondial. Les importations par habitant en Ouganda étaient 3,8 fois inférieures les importations par habitant au Monde (244,3 US$), et 2,2 fois inférieures les importations par habitant en Afrique (142,6 US$).

La croissance des importations en Ouganda était de -1.6% dans les années 1970, au 177ème rang mondial. La croissance des importations en Ouganda (-1,6%) a été inférieure à celle du monde (6,3%), et inférieure à celle de l'Afrique (6,7%).

Comparaison avec les voisins. Les importations de l'Ouganda étaient supérieures à celles de la Tanzanie (644,5 millions de dollars), du Soudan (622,3 millions de dollars) et du Rwanda (85,3 millions de dollars); mais inférieures à celles de la république démocratique du Congo (3,9 milliards de dollars) et du Kenya (1,1 milliards de dollars). Les importations par habitant en Ouganda étaient supérieures à celles de la Tanzanie (41,1 de dollars), du Soudan (39,0 de dollars) et du Rwanda (19,7 de dollars); mais inférieures à celles de la république démocratique du Congo (172,0 de dollars) et du Kenya (84,1 de dollars). La croissance des importations en Ouganda était inférieure à celle du Rwanda (10,6%), de la RDC (8,0%), du Soudan (5,1%), de la Tanzanie (3,6%) et du Kenya (0,71%).

Comparaison avec les leaders. Les importations de l'Ouganda étaient inférieures à celles des États-Unis (133,2 milliards de dollars), de l'Allemagne (92,5 milliards de dollars), de la France (63,3 milliards de dollars), du Royaume-Uni (62,4 milliards de dollars) et du Japon (61,0 milliards de dollars). Les importations par habitant en Ouganda étaient inférieures à celles de la France (1 181,1 de dollars), de l'Allemagne (1 175,1 de dollars), du Royaume-Uni (1 113,2 de dollars), des États-Unis (610,4 de dollars) et du Japon (547,6 de dollars). La croissance des importations en Ouganda était inférieure à celle de la France (7,2%), du Japon (7,0%), de l'Allemagne (5,6%), des États-Unis (5,1%) et du Royaume-Uni (4,5%).

Les années 1980

Les importations de l'Ouganda étaient de 658,3 millions de dollars par an dans les années 1980, se situant au 113ème rang mondial à égalité avec le Ghana (661,0 millions de dollars), le Togo (653,6 millions de dollars), la Polynésie française (653,3 millions de dollars). La part dans le monde était de 0,025% et de 0,58% en Afrique.

La part des importations dans le PIB de l'Ouganda était de 13,3% dans les années 1980, au 168ème rang mondial, à égalité avec le Mexique (13,2%).

Les importations par habitant en Ouganda étaient de 45.6 dollars dans les années 1980, se classant au 172ème rang mondial, à égalité avec la Tanzanie (46,4 de dollars), le Soudan (46,7 de dollars). Les importations par habitant en Ouganda étaient 11,8 fois inférieures les importations par habitant au Monde (539,1 US$), et 4,6 fois inférieures les importations par habitant en Afrique (208,0 US$).

La croissance des importations en Ouganda était de 4.2% dans les années 1980, se situant au 64ème rang mondial, à égalité avec la

Chapitre XI. Importations

Nouvelle-Zélande (4,2%), Saint-Vincent-et-les-Grenadines (4,2%), les Bahamas (4,3%). La croissance des importations en Ouganda (4,2%) a été supérieure à celle du monde (3,8%), et supérieure à celle de l'Afrique (-3,1%).

Comparaison avec les voisins. La valeur des importations en Ouganda était supérieure à celle du Rwanda (289,8 millions de dollars); mais inférieure à celle de la RDC (4,2 milliards de dollars), du Kenya (2,1 milliards de dollars), du Soudan (1,0 milliards de dollars) et de la Tanzanie (992,1 millions de dollars). Les importations par habitant en Ouganda étaient inférieures à celles de la RDC (140,8 de dollars), du Kenya (105,0 de dollars), du Rwanda (47,3 de dollars), du Soudan (46,7 de dollars) et de la Tanzanie (46,4 de dollars). La croissance des importations en Ouganda était supérieure à celle du Kenya (0,30%) et du Soudan (-8,9%); mais inférieure à celle de la république démocratique du Congo (12,1%), du Rwanda (8,3%) et de la Tanzanie (6,0%).

Comparaison avec les leaders. La valeur des importations en Ouganda était inférieure à celle des États-Unis (417,2 milliards de dollars), de l'Allemagne (225,6 milliards de dollars), du Japon (175,9 milliards de dollars), de la France (162,0 milliards de dollars) et du Royaume-Uni (157,7 milliards de dollars). Les importations par habitant en Ouganda étaient inférieures à celles de l'Allemagne (2 891,9 de dollars), de la France (2 867,2 de dollars), du Royaume-Uni (2 793,0 de dollars), des États-Unis (1 742,4 de dollars) et du Japon (1 450,4 de dollars). La croissance des importations en Ouganda était supérieure à celle de l'Allemagne (3,3%); mais inférieure à celle des États-Unis (5,8%), du Royaume-Uni (5,1%), du Japon (4,6%) et de la France (4,3%).

Les années 1990

La valeur des importations en Ouganda était de 1,1 milliards de dollars par an dans les années 1990, se classant au 139ème rang mondial à égalité avec la Guinée (1,1 milliards de dollars). La part dans le monde était de 0,018% et de 0,70% en Afrique.

La part des importations dans le PIB de l'Ouganda était de 18,0% dans les années 1990, se situant au 191ème rang mondial.

Les importations par habitant en Ouganda étaient de 52.3 dollars dans les années 1990, se classant au 201ème rang mondial. Les importations par habitant en Ouganda étaient 19,4 fois inférieures les importations par habitant au Monde (1 015,5 US$), et 4,0 fois inférieures les importations par habitant en Afrique (211,4 US$).

La croissance des importations en Ouganda était de 7% dans les années 1990, au 63ème rang mondial, à égalité avec le Sri Lanka (7,0%). La croissance des importations en Ouganda (7,0%) a été supérieure à celle du monde (6,6%), et supérieure à celle de l'Afrique (3,8%).

Comparaison avec les voisins. Les importations de l'Ouganda étaient supérieures à celles du Rwanda (441,9 millions de dollars); mais inférieures à celles du Kenya (2,9 milliards de dollars), de la république démocratique du Congo (2,4 milliards de dollars), de la Tanzanie (1,7 milliards de dollars) et du Soudan (1,5 milliards de dollars). Les importations par habitant en Ouganda étaient supérieures à celles du Soudan (50,2 de dollars); mais inférieures à celles du Kenya (106,6 de dollars), du Rwanda (66,9 de dollars), de la Tanzanie (59,4 de dollars) et de la RDC (58,9 de dollars). La croissance des importations en Ouganda était supérieure à celle de la Tanzanie (6,0%), de la RDC (0,49%) et du Rwanda (-8,9%); mais inférieure à celle du Soudan (11,4%) et du Kenya (7,5%).

Comparaison avec les leaders. Les importations de l'Ouganda étaient inférieures à celles des États-Unis (874,1 milliards de dollars), de l'Allemagne (501,6 milliards de dollars), du Japon (355,9 milliards de dollars), du Royaume-Uni (330,2 milliards de dollars) et de la France (308,5 milliards de dollars). Les importations par habitant en Ouganda étaient inférieures à celles de l'Allemagne (6 220,3 de dollars), du Royaume-Uni (5 705,3 de dollars), de la France (5 194,4 de dollars), des États-Unis (3 305,6 de dollars) et du Japon (2 822,9 de dollars). La croissance des importations en Ouganda était supérieure à celle de l'Allemagne (6,4%), de la France (5,1%), du Royaume-Uni (5,1%) et du Japon (3,3%); mais inférieure à celle des États-Unis (8,3%).

Les années 2000

Les importations de l'Ouganda étaient de 2,9 milliards de dollars par an dans les années 2000, au 131ème rang mondial. La part dans le monde était de 0,023% et de 0,86% en Afrique.

La structure des importations: produits primaires (6,4%), articles manufacturés provenant de ressources naturelles (32,3%), articles manufacturés à faible technologie (15,3%), articles manufacturés de technologie moyenne (24,8%), articles manufacturés à haute technologie (18,1%).

L'Ouganda a importé des marchandises en provenance le Kenya (23,1%), les Émirats arabes unis (14,3%), la Chine (5,8%), l'Inde (5,8%), l'Afrique du Sud (5,3%) et d'autres pays (45,7%).

La part des importations dans le PIB de l'Ouganda était de 25,4% dans les années 2000, au 181ème rang mondial, à égalité avec l'Italie

(25,1%).

Les importations par habitant en Ouganda étaient de 105.8 dollars dans les années 2000, au 198ème rang mondial, à égalité avec le Népal (104,4 de dollars), le Bangladesh (103,9 de dollars), le Burkina Faso (108,2 de dollars). Les importations par habitant en Ouganda étaient 18,0 fois inférieures les importations par habitant au Monde (1 899,9 US$), et 3,5 fois inférieures les importations par habitant en Afrique (369,3 US$).

La croissance des importations en Ouganda était de 8.4% dans les années 2000, se situant au 56ème rang mondial, à égalité avec la Slovaquie (8,4%). La croissance des importations en Ouganda (8,4%) a été supérieure à celle du monde (5,1%), et supérieure à celle de l'Afrique (7,6%).

Comparaison avec les voisins. Les importations de l'Ouganda étaient supérieures à celles du Rwanda (752,4 millions de dollars); mais inférieures à celles du Kenya (7,1 milliards de dollars), du Soudan (7,0 milliards de dollars), de la Tanzanie (4,2 milliards de dollars) et de la RDC (3,9 milliards de dollars). Les importations par habitant en Ouganda étaient supérieures à celles du Rwanda (85,2 de dollars) et de la RDC (71,4 de dollars); mais inférieures à celles du Kenya (195,8 de dollars), du Soudan (184,3 de dollars) et de la Tanzanie (111,6 de dollars). La croissance des importations en Ouganda était supérieure à celle du Kenya (7,7%); mais inférieure à celle du Soudan (15,4%), de la Tanzanie (13,8%), de la république démocratique du Congo (12,8%) et du Rwanda (9,2%).

Comparaison avec les leaders. La valeur des importations en Ouganda était inférieure à celle des États-Unis (1,9 billions de dollars), de l'Allemagne (914,7 milliards de dollars), du Royaume-Uni (641,8 milliards de dollars), de la Chine (641,1 milliards de dollars) et du Japon (566,4 milliards de dollars). Les importations par habitant en Ouganda étaient inférieures à celles de l'Allemagne (11 237,8 de dollars), du Royaume-Uni (10 620,4 de dollars), des États-Unis (6 400,9 de dollars), du Japon (4 418,9 de dollars) et de la Chine (483,3 de dollars). La croissance des importations en Ouganda était supérieure à celle de l'Allemagne (3,7%), du Royaume-Uni (3,1%), des États-Unis (2,8%) et du Japon (1,8%); mais inférieure à celle de la Chine (15,1%).

Les années 2010

La valeur des importations en Ouganda était de 7,6 milliards de dollars par an dans les années 2010, se classant au 118ème rang mondial à égalité avec la république du Congo (7,6 milliards de dollars). La part dans le monde était de 0,034% et de 1,1% en Afrique.

La structure des importations: produits primaires (5,8%), articles manufacturés provenant de ressources naturelles (30,9%), articles manufacturés à faible technologie (14,0%), articles manufacturés de technologie moyenne (28,9%), articles manufacturés à haute technologie (17,3%).

L'Ouganda a importé des marchandises en provenance le Kenya (14,9%), les Émirats arabes unis (14,1%), la Chine (12,9%), l'Inde (11,6%), le Japon (4,4%) et d'autres pays (42,1%).

La part des importations dans le PIB de l'Ouganda était de 29,2% dans les années 2010, se classant au 174ème rang mondial, à égalité avec l'Asie (29,2%), le Niger (29,2%), les Comores (29,3%).

Les importations par habitant en Ouganda étaient de 199.6 dollars dans les années 2010, au 200ème rang mondial. Les importations par habitant en Ouganda étaient 15,1 fois inférieures les importations par habitant au Monde (3 015,6 US$), et 3,0 fois inférieures les importations par habitant en Afrique (592,1 US$).

La croissance des importations en Ouganda était de 2.7% dans les années 2010, se situant au 150ème rang mondial, à égalité avec la Namibie (2,7%), les Îles Marshall (2,7%). La croissance des importations en Ouganda (2,7%) a été inférieure à celle du monde (4,4%), et supérieure à celle de l'Afrique (2,0%).

Comparaison avec les voisins. Les importations de l'Ouganda étaient 2,9 fois supérieures à celles du Rwanda (2,6 milliards de dollars); mais 2,4 fois inférieures à celles du Kenya (18,0 milliards de dollars), 44,0% inférieures à celles de la RDC (13,5 milliards de dollars), 33,5% inférieures à celles de la Tanzanie (11,4 milliards de dollars) et 22,3% inférieures à celles du Soudan (9,7 milliards de dollars). Les importations par habitant en Ouganda étaient 11,2% supérieures à celles de la république démocratique du Congo (179,5 de dollars); mais 47,4% inférieures à celles du Kenya (379,8 de dollars), 21,0% inférieures à celles du Soudan (252,8 de dollars), 14,4% inférieures à celles du Rwanda (233,1 de dollars) et 10,7% inférieures à celles de la Tanzanie (223,5 de dollars). La croissance des importations en Ouganda était supérieure à celle du Soudan (-9,3%); mais inférieure à celle du Rwanda (12,3%), de la RDC (10,6%), du Kenya (4,2%) et de la Tanzanie (4,2%).

Comparaison avec les leaders. La valeur des importations en Ouganda était 372,3 fois inférieure à celle des États-Unis (2,8 billions de

Chapitre XI. Importations

dollars), 273,4 fois inférieure à celle de la Chine (2,1 billions de dollars), 192,2 fois inférieure à celle de l'Allemagne (1,5 billions de dollars), 116,0 fois inférieure à celle du Japon (877,9 milliards de dollars) et 113,0 fois inférieure à celle du Royaume-Uni (854,8 milliards de dollars). Les importations par habitant en Ouganda étaient 89,0 fois inférieures à celles de l'Allemagne (17 771,2 de dollars), 65,3 fois inférieures à celles du Royaume-Uni (13 030,6 de dollars), 44,2 fois inférieures à celles des États-Unis (8 817,8 de dollars), 34,4 fois inférieures à celles du Japon (6 862,7 de dollars) et 7,4 fois inférieures à celles de la Chine (1 475,4 de dollars). La croissance des importations en Ouganda était inférieure à celle de la Chine (8,2%), de l'Allemagne (4,8%), des États-Unis (4,4%), du Japon (3,8%) et du Royaume-Uni (3,6%).

Partie IV. Consommation

Chapitre XII. Dépenses publiques

Dépenses de consommation des administrations publiques

Les dépense publique de l'Ouganda sont passés de 327,5 millions de dollars par an dans les années 1970 à 2,5 milliards de dollars par an dans les années 2010, c'est-à-dire 2,2 milliards de dollars ou de 7,6 fois. La variation a été de 586,4 millions de dollars en raison de l'augmentation de 1,3 fois des prix, et de 740,3 millions de dollars en raison de la croissance du taux par habitant de 1,6 fois, et de 837,5 millions de dollars en raison de la croissance démographique. La croissance annuelle moyenne des dépenses publiques était de 4,1%. La valeur minimale était de 173,2 millions de dollars en 1970. La valeur maximale était de 3,5 milliards de dollars en 2018.

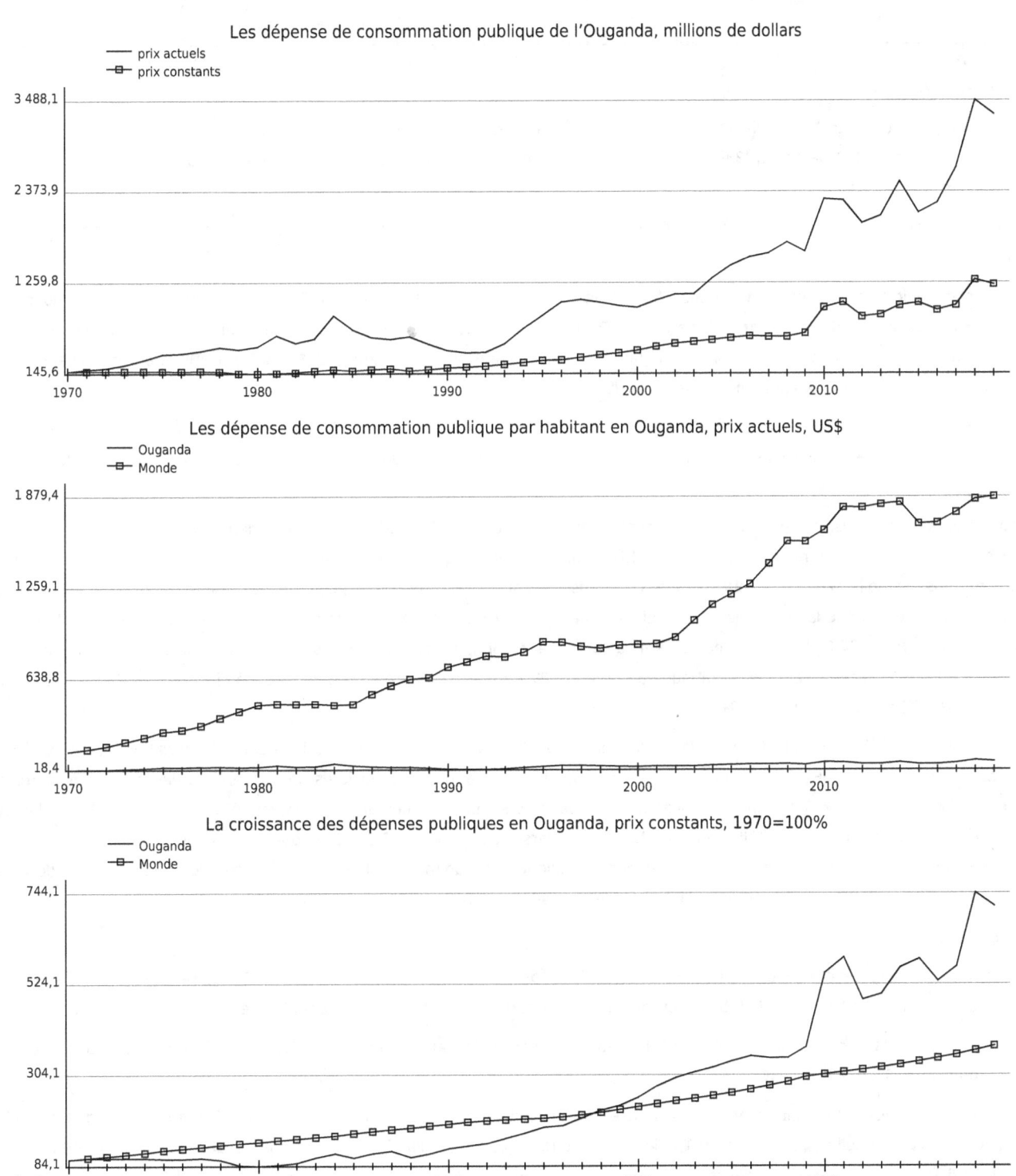

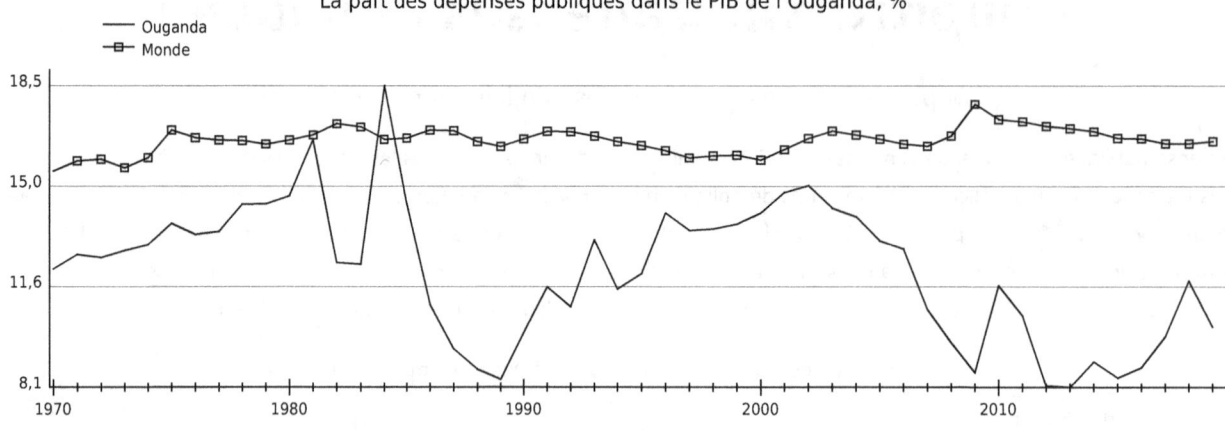

La part des dépenses publiques dans le PIB de l'Ouganda, %

Les années 1970

Les dépenses publiques de l'Ouganda étaient de 327,5 millions de dollars par an dans les années 1970, se situant au 89ème rang mondial à égalité avec le Guatemala (330,9 millions de dollars), le Panama (322,7 millions de dollars). La part dans le monde était de 0,031% et de 1,0% en Afrique.

La part des dépenses publiques dans le PIB de l'Ouganda était de 13,4% dans les années 1970, se classant au 115ème rang mondial, à égalité avec Saint-Christophe-et-Niévès (13,5%).

Les dépense publique par habitant en Ouganda étaient de 30.7 dollars dans les années 1970, se situant au 156ème rang mondial, à égalité avec le Lesotho (30,9 de dollars), l'Asie du Sud-Est (31,0 de dollars). Les dépenses publiques par habitant en Ouganda étaient 8,6 fois inférieures les dépense de consommation publique par habitant au Monde (265,2 US$), et 2,5 fois inférieures les dépense de consommation publique par habitant en Afrique (77,1 US$).

La croissance des dépenses publiques en Ouganda était de -1.7% dans les années 1970, se situant au 175ème rang mondial. La croissance des dépenses publiques en Ouganda (-1,7%) a été inférieure à celle du monde (3,7%), et inférieure à celle de l'Afrique (4,9%).

Comparaison avec les voisins. Les dépense de consommation publique de l'Ouganda étaient supérieures à celles du Rwanda (102,8 millions de dollars); mais inférieures à celles de la RDC (2,0 milliards de dollars), de la Tanzanie (1,7 milliards de dollars), du Kenya (724,2 millions de dollars) et du Soudan (419,3 millions de dollars). Les dépense publique par habitant en Ouganda étaient supérieures à celles du Soudan (26,3 de dollars) et du Rwanda (23,7 de dollars); mais inférieures à celles de la Tanzanie (106,6 de dollars), de la RDC (87,0 de dollars) et du Kenya (54,0 de dollars). La croissance des dépenses publiques en Ouganda était supérieure à celle de la république démocratique du Congo (-4,6%); mais inférieure à celle du Rwanda (11,8%), du Kenya (9,1%), de la Tanzanie (6,8%) et du Soudan (-0,53%).

Comparaison avec les leaders. Les dépense de consommation publique de l'Ouganda étaient inférieures à celles des États-Unis (285,9 milliards de dollars), de l'URSS (117,3 milliards de dollars), de l'Allemagne (95,6 milliards de dollars), du Japon (78,0 milliards de dollars) et de la France (64,5 milliards de dollars). Les dépense publique par habitant en Ouganda étaient inférieures à celles des États-Unis (1 310,2 de dollars), de l'Allemagne (1 213,7 de dollars), de la France (1 202,3 de dollars), du Japon (700,2 de dollars) et de l'URSS (465,0 de dollars). La croissance des dépenses publiques en Ouganda était inférieure à celle de l'URSS (7,2%), du Japon (5,3%), de la France (5,0%), de l'Allemagne (4,4%) et des États-Unis (0,94%).

Les années 1980

Les dépense publique de l'Ouganda étaient de 599,7 millions de dollars par an dans les années 1980, se situant au 96ème rang mondial à égalité avec la Polynésie (609,5 millions de dollars). La part dans le monde était de 0,024% et de 0,86% en Afrique.

La part des dépenses publiques dans le PIB de l'Ouganda était de 12,1% dans les années 1980, au 137ème rang mondial, à égalité avec d'Anguilla (12,1%), le Malawi (12,0%).

Les dépenses publiques par habitant en Ouganda étaient de 41.5 dollars dans les années 1980, au 165ème rang mondial, à égalité avec la Chine (41,6 de dollars), le Pakistan (41,9 de dollars), d'Haïti (40,7 de dollars). Les dépenses publiques par habitant en Ouganda étaient 12,6 fois inférieures les dépenses publiques par habitant au Monde (523,5 US$), et 3,1 fois inférieures les dépense de

Chapitre XII. Dépenses publiques

consommation publique par habitant en Afrique (128,3 US$).

La croissance des dépenses publiques en Ouganda était de 2.9% dans les années 1980, au 102ème rang mondial, à égalité avec la France (2,8%), l'Italie (2,9%). La croissance des dépenses publiques en Ouganda (2,9%) a été supérieure à celle du monde (2,7%), et supérieure à celle de l'Afrique (1,8%).

Comparaison avec les voisins. Les dépense de consommation publique de l'Ouganda étaient supérieures à celles du Rwanda (275,4 millions de dollars); mais inférieures à celles de la Tanzanie (2,9 milliards de dollars), de la RDC (1,6 milliards de dollars), du Kenya (1,5 milliards de dollars) et du Soudan (651,0 millions de dollars). Les dépenses publiques par habitant en Ouganda étaient supérieures à celles du Soudan (29,5 de dollars); mais inférieures à celles de la Tanzanie (134,7 de dollars), du Kenya (78,7 de dollars), de la RDC (54,4 de dollars) et du Rwanda (44,9 de dollars). La croissance des dépenses publiques en Ouganda était supérieure à celle du Kenya (1,8%), de la RDC (1,00%) et de la Tanzanie (0,33%); mais inférieure à celle du Rwanda (6,0%) et du Soudan (4,0%).

Comparaison avec les leaders. Les dépense de consommation publique de l'Ouganda étaient inférieures à celles des États-Unis (665,3 milliards de dollars), du Japon (257,4 milliards de dollars), de l'Allemagne (203,7 milliards de dollars), de l'URSS (181,1 milliards de dollars) et de la France (159,8 milliards de dollars). Les dépenses publiques par habitant en Ouganda étaient inférieures à celles de la France (2 826,9 de dollars), des États-Unis (2 778,2 de dollars), de l'Allemagne (2 611,1 de dollars), du Japon (2 122,5 de dollars) et de l'URSS (658,0 de dollars). La croissance des dépenses publiques en Ouganda était supérieure à celle de la France (2,8%), des États-Unis (2,6%) et de l'Allemagne (0,98%); mais inférieure à celle de l'URSS (5,4%) et du Japon (3,5%).

Les années 1990

Les dépense de consommation publique de l'Ouganda étaient de 737,9 millions de dollars par an dans les années 1990, se situant au 117ème rang mondial à égalité avec la république du Congo (720,0 millions de dollars). La part dans le monde était de 0,016% et de 0,83% en Afrique.

La part des dépenses publiques dans le PIB de l'Ouganda était de 12,6% dans les années 1990, au 144ème rang mondial, à égalité avec les Îles Vierges britanniques (12,6%), l'Albanie (12,7%), la Barbade (12,7%).

Les dépenses publiques par habitant en Ouganda étaient de 36.7 dollars dans les années 1990, se classant au 189ème rang mondial, à égalité avec le Mali (37,0 de dollars), le Malawi (37,2 de dollars). Les dépense publique par habitant en Ouganda étaient 22,5 fois inférieures les dépense publique par habitant au Monde (824,8 US$), et 3,4 fois inférieures les dépense publique par habitant en Afrique (126,1 US$).

La croissance des dépenses publiques en Ouganda était de 7.3% dans les années 1990, au 19ème rang mondial. La croissance des dépenses publiques en Ouganda (7,3%) a été supérieure à celle du monde (2,0%), et supérieure à celle de l'Afrique (1,6%).

Comparaison avec les voisins. Les dépense publique de l'Ouganda étaient supérieures à celles du Soudan (664,7 millions de dollars) et du Rwanda (351,7 millions de dollars); mais inférieures à celles du Kenya (1,7 milliards de dollars), de la RDC (1,3 milliards de dollars) et de la Tanzanie (1,2 milliards de dollars). Les dépenses publiques par habitant en Ouganda étaient supérieures à celles de la RDC (33,1 de dollars) et du Soudan (23,0 de dollars); mais inférieures à celles du Kenya (61,0 de dollars), du Rwanda (53,3 de dollars) et de la Tanzanie (40,5 de dollars). La croissance des dépenses publiques en Ouganda était supérieure à celle du Kenya (6,5%), de la Tanzanie (-1,5%), du Rwanda (-1,8%), du Soudan (-5,0%) et de la république démocratique du Congo (-17,0%).

Comparaison avec les leaders. Les dépense de consommation publique de l'Ouganda étaient inférieures à celles des États-Unis (1,1 billions de dollars), du Japon (651,8 milliards de dollars), de l'Allemagne (419,6 milliards de dollars), de la France (325,4 milliards de dollars) et du Royaume-Uni (234,6 milliards de dollars). Les dépenses publiques par habitant en Ouganda étaient inférieures à celles de la France (5 479,6 de dollars), de l'Allemagne (5 203,8 de dollars), du Japon (5 169,1 de dollars), des États-Unis (4 287,3 de dollars) et du Royaume-Uni (4 053,6 de dollars). La croissance des dépenses publiques en Ouganda était supérieure à celle du Japon (3,0%), de l'Allemagne (2,4%), du Royaume-Uni (2,1%), de la France (1,8%) et des États-Unis (1,3%).

Les années 2000

Les dépense de consommation publique de l'Ouganda étaient de 1,4 milliards de dollars par an dans les années 2000, au 115ème rang mondial à égalité avec la Birmanie (1,4 milliards de dollars), le Mozambique (1,4 milliards de dollars), la Namibie (1,4 milliards de dollars). La part dans le monde était de 0,017% et de 0,91% en Afrique.

La part des dépenses publiques dans le PIB de l'Ouganda était de 11,9% dans les années 2000, se classant au 155ème rang mondial, à égalité avec la Malaisie (11,9%), le Sénégal (12,0%), l'Uruguay (12,0%).

Les dépenses publiques par habitant en Ouganda étaient de 49.7 dollars dans les années 2000, au 192ème rang mondial, à égalité avec le Laos (49,3 de dollars). Les dépenses publiques par habitant en Ouganda étaient 24,2 fois inférieures les dépenses publiques par habitant au Monde (1 200,9 US$), et 3,3 fois inférieures les dépense de consommation publique par habitant en Afrique (164,8 US$).

La croissance des dépenses publiques en Ouganda était de 4.9% dans les années 2000, au 73ème rang mondial, à égalité avec la Serbie (4,8%), la République dominicaine (4,9%), la Barbade (4,9%). La croissance des dépenses publiques en Ouganda (4,9%) a été supérieure à celle du monde (3,1%), et inférieure à celle de l'Afrique (5,0%).

Comparaison avec les voisins. Les dépense publique de l'Ouganda étaient supérieures à celles de la république démocratique du Congo (922,3 millions de dollars) et du Rwanda (469,9 millions de dollars); mais inférieures à celles du Kenya (3,4 milliards de dollars), du Soudan (2,8 milliards de dollars) et de la Tanzanie (2,1 milliards de dollars). Les dépense de consommation publique par habitant en Ouganda étaient supérieures à celles de la RDC (17,0 de dollars); mais inférieures à celles du Kenya (93,1 de dollars), du Soudan (73,9 de dollars), de la Tanzanie (55,4 de dollars) et du Rwanda (53,2 de dollars). La croissance des dépenses publiques en Ouganda était supérieure à celle du Kenya (3,4%) et du Soudan (2,9%); mais inférieure à celle de la Tanzanie (10,0%), du Rwanda (8,2%) et de la république démocratique du Congo (7,7%).

Comparaison avec les leaders. Les dépense publique de l'Ouganda étaient inférieures à celles des États-Unis (1,9 billions de dollars), du Japon (844,2 milliards de dollars), de l'Allemagne (520,1 milliards de dollars), de la France (479,9 milliards de dollars) et du Royaume-Uni (453,4 milliards de dollars). Les dépenses publiques par habitant en Ouganda étaient inférieures à celles de la France (7 640,9 de dollars), du Royaume-Uni (7 501,5 de dollars), du Japon (6 586,4 de dollars), des États-Unis (6 545,9 de dollars) et de l'Allemagne (6 389,7 de dollars). La croissance des dépenses publiques en Ouganda était supérieure à celle du Royaume-Uni (2,9%), des États-Unis (2,2%), du Japon (1,7%), de la France (1,7%) et de l'Allemagne (1,4%).

Les années 2010

Les dépense publique de l'Ouganda étaient de 2,5 milliards de dollars par an dans les années 2010, se situant au 121ème rang mondial. La part dans le monde était de 0,019% et de 0,76% en Afrique.

La part des dépenses publiques dans le PIB de l'Ouganda était de 9,6% dans les années 2010, se classant au 191ème rang mondial, à égalité avec le Tchad (9,6%), Hong Kong (9,6%), Porto Rico (9,6%).

Les dépense de consommation publique par habitant en Ouganda étaient de 65.7 dollars dans les années 2010, au 200ème rang mondial. Les dépense de consommation publique par habitant en Ouganda étaient 27,2 fois inférieures les dépense de consommation publique par habitant au Monde (1 785,1 US$), et 4,3 fois inférieures les dépense publique par habitant en Afrique (281,0 US$).

La croissance des dépenses publiques en Ouganda était de 6.8% dans les années 2010, se classant au 25ème rang mondial, à égalité avec l'Afghanistan (6,8%). La croissance des dépenses publiques en Ouganda (6,8%) a été supérieure à celle du monde (2,3%), et supérieure à celle de l'Afrique (3,0%).

Comparaison avec les voisins. Les dépense de consommation publique de l'Ouganda étaient 2,1 fois supérieures à celles du Rwanda (1,2 milliards de dollars); mais 3,5 fois inférieures à celles du Kenya (8,7 milliards de dollars), 45,8% inférieures à celles du Soudan (4,6 milliards de dollars), 44,0% inférieures à celles de la Tanzanie (4,4 milliards de dollars) et 28,7% inférieures à celles de la république démocratique du Congo (3,5 milliards de dollars). Les dépenses publiques par habitant en Ouganda étaient 41,5% supérieures à celles de la république démocratique du Congo (46,4 de dollars); mais 2,8 fois inférieures à celles du Kenya (184,5 de dollars), 44,9% inférieures à celles du Soudan (119,2 de dollars), 36,9% inférieures à celles du Rwanda (104,2 de dollars) et 24,8% inférieures à celles de la Tanzanie (87,4 de dollars). La croissance des dépenses publiques en Ouganda était supérieure à celle du Kenya (5,4%), du Soudan (3,6%), de la république démocratique du Congo (3,6%) et de la Tanzanie (3,5%); mais inférieure à celle du Rwanda (9,3%).

Comparaison avec les leaders. Les dépense de consommation publique de l'Ouganda étaient 1 064,9 fois inférieures à celles des États-Unis (2,7 billions de dollars), 673,9 fois inférieures à celles de la Chine (1,7 billions de dollars), 418,6 fois inférieures à celles du Japon (1,0 billions de dollars), 289,6 fois inférieures à celles de l'Allemagne (721,6 milliards de dollars) et 256,0 fois inférieures à celles de la France (637,9 milliards de dollars). Les dépenses publiques par habitant en Ouganda étaient 146,4 fois inférieures à celles de la France (9 617,6 de dollars), 134,1 fois inférieures à celles de l'Allemagne (8 815,0 de dollars), 126,4 fois inférieures à celles des

États-Unis (8 304,9 de dollars), 124,1 fois inférieures à celles du Japon (8 152,8 de dollars) et 18,2 fois inférieures à celles de la Chine (1 197,3 de dollars). La croissance des dépenses publiques en Ouganda était supérieure à celle de l'Allemagne (1,9%), du Japon (1,3%), de la France (1,3%) et des États-Unis (0,0052%); mais inférieure à celle de la Chine (8,3%).

Chapitre XIII. Dépenses ménagères

Dépenses de consommation des ménages

Les dépenses ménagères de l'Ouganda sont passés de 1,7 milliards de dollars par an dans les années 1970 à 19,5 milliards de dollars par an dans les années 2010, c'est-à-dire 17,8 milliards de dollars ou de 11,5 fois. La variation a été de 10,1 milliards de dollars en raison de l'augmentation de 2,1 fois des prix, et de 3,3 milliards de dollars en raison de la croissance du taux par habitant de 1,6 fois, et de 4,3 milliards de dollars en raison de la croissance démographique. La croissance annuelle moyenne des dépenses ménagères était de 4,0%. La valeur minimale était de 893,6 millions de dollars en 1970. La valeur maximale était de 24,4 milliards de dollars en 2019.

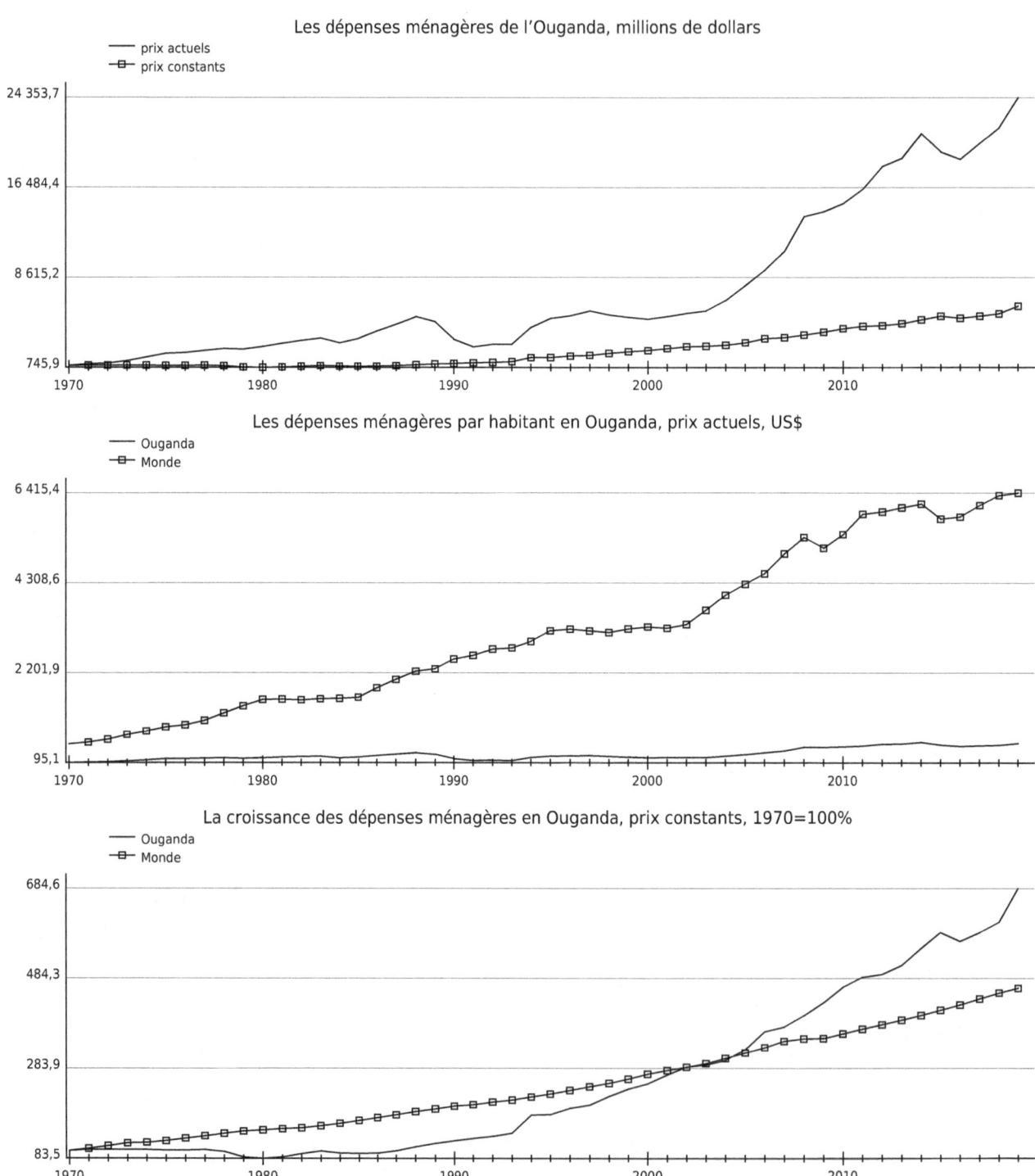

Chapitre XIII. Dépenses ménagères

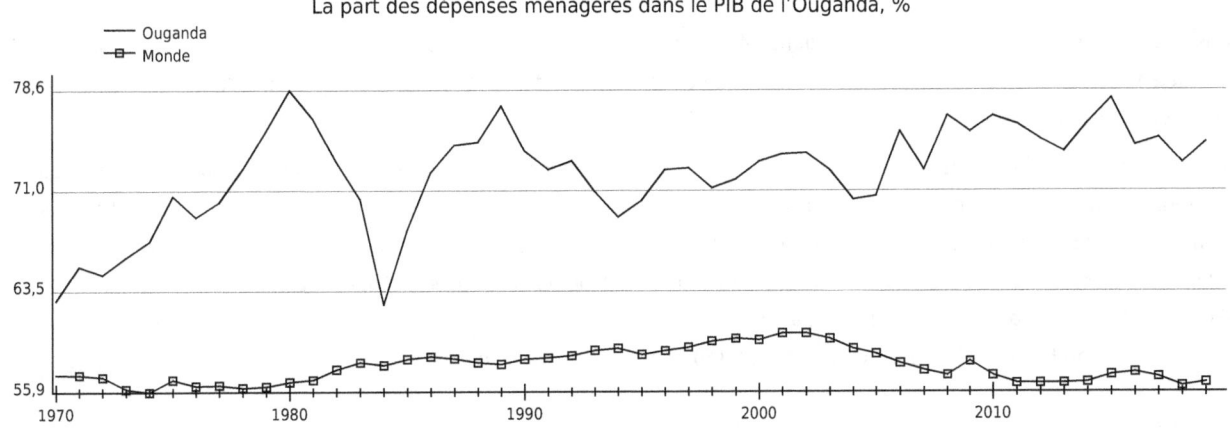
La part des dépenses ménagères dans le PIB de l'Ouganda, %

Les années 1970

Les dépenses ménagères de l'Ouganda étaient de 1,7 milliards de dollars par an dans les années 1970, se classant au 86ème rang mondial à égalité avec la Jamaïque (1,7 milliards de dollars). La part dans le monde était de 0,046% et de 1,5% en Afrique.

La part des dépenses ménagères dans le PIB de l'Ouganda était de 69,4% dans les années 1970, se classant au 71ème rang mondial, à égalité avec le Kenya (69,2%), le Brésil (69,1%), le Cameroun (69,6%).

Les dépenses ménagères par habitant en Ouganda étaient de 158.5 dollars dans les années 1970, se situant au 160ème rang mondial, à égalité avec l'Indonésie (162,0 de dollars), l'Afghanistan (162,3 de dollars), le Soudan (154,8 de dollars). Les dépenses ménagères par habitant en Ouganda étaient 5,8 fois inférieures les dépenses ménagères par habitant au Monde (914,8 US$), et 41,5% inférieures les dépenses ménagères par habitant en Afrique (271,0 US$).

La croissance des dépenses ménagères en Ouganda était de -1.6% dans les années 1970, se classant au 176ème rang mondial. La croissance des dépenses ménagères en Ouganda (-1,6%) a été inférieure à celle du monde (4,1%), et inférieure à celle de l'Afrique (4,1%).

Comparaison avec les voisins. Les dépenses ménagères de l'Ouganda étaient supérieures à celles du Rwanda (445,7 millions de dollars); mais inférieures à celles de la république démocratique du Congo (6,0 milliards de dollars), du Kenya (3,5 milliards de dollars), de la Tanzanie (2,7 milliards de dollars) et du Soudan (2,5 milliards de dollars). Les dépenses ménagères par habitant en Ouganda étaient supérieures à celles du Soudan (154,8 de dollars) et du Rwanda (103,0 de dollars); mais inférieures à celles de la RDC (263,3 de dollars), du Kenya (258,1 de dollars) et de la Tanzanie (171,3 de dollars). La croissance des dépenses ménagères en Ouganda était inférieure à celle du Soudan (6,5%), du Kenya (4,6%), de la Tanzanie (4,2%), du Rwanda (3,8%) et de la RDC (-0,61%).

Comparaison avec les leaders. Les dépenses ménagères de l'Ouganda étaient inférieures à celles des États-Unis (1,0 billions de dollars), de l'URSS (310,6 milliards de dollars), du Japon (280,9 milliards de dollars), de l'Allemagne (277,8 milliards de dollars) et de la France (180,7 milliards de dollars). Les dépenses ménagères par habitant en Ouganda étaient inférieures à celles des États-Unis (4 744,5 de dollars), de l'Allemagne (3 527,2 de dollars), de la France (3 371,0 de dollars), du Japon (2 523,0 de dollars) et de l'URSS (1 231,6 de dollars). La croissance des dépenses ménagères en Ouganda était inférieure à celle du Japon (5,1%), de l'URSS (4,7%), de la France (4,0%), des États-Unis (3,6%) et de l'Allemagne (3,6%).

Les années 1980

Les dépenses ménagères de l'Ouganda étaient de 3,6 milliards de dollars par an dans les années 1980, se classant au 87ème rang mondial à égalité avec Trinité-et-Tobago (3,7 milliards de dollars), le Sénégal (3,7 milliards de dollars), le Paraguay (3,7 milliards de dollars). La part dans le monde était de 0,041% et de 1,3% en Afrique.

La part des dépenses ménagères dans le PIB de l'Ouganda était de 72,9% dans les années 1980, se situant au 58ème rang mondial, à égalité avec l'Asie du Sud (72,9%), l'Inde (73,1%), Saint-Christophe-et-Niévès (73,1%).

Les dépenses ménagères par habitant en Ouganda étaient de 250.5 dollars dans les années 1980, se classant au 163ème rang mondial, à égalité avec le Bénin (250,4 de dollars), Madagascar (253,3 de dollars), le Togo (256,5 de dollars). Les dépenses ménagères par habitant en Ouganda étaient 7,2 fois inférieures les dépenses ménagères par habitant au Monde (1 808,0 US$), et 49,7%

inférieures les dépenses ménagères par habitant en Afrique (497,8 US$).

La croissance des dépenses ménagères en Ouganda était de 3% dans les années 1980, se classant au 83ème rang mondial, à égalité avec la Mélanésie (3,0%), l'Islande (3,0%), l'Est (3,0%). La croissance des dépenses ménagères en Ouganda (3,0%) a été supérieure à celle du monde (3,0%), et supérieure à celle de l'Afrique (2,3%).

Comparaison avec les voisins. Les dépenses ménagères de l'Ouganda étaient supérieures à celles du Rwanda (1,5 milliards de dollars); mais inférieures à celles du Kenya (7,2 milliards de dollars), du Soudan (6,9 milliards de dollars), de la RDC (6,6 milliards de dollars) et de la Tanzanie (5,9 milliards de dollars). Les dépenses ménagères par habitant en Ouganda étaient supérieures à celles du Rwanda (241,0 de dollars) et de la république démocratique du Congo (223,8 de dollars); mais inférieures à celles du Kenya (369,7 de dollars), du Soudan (315,3 de dollars) et de la Tanzanie (275,2 de dollars). La croissance des dépenses ménagères en Ouganda était supérieure à celle du Rwanda (2,5%) et du Soudan (2,3%); mais inférieure à celle de la Tanzanie (8,6%), du Kenya (3,9%) et de la RDC (3,1%).

Comparaison avec les leaders. Les dépenses ménagères de l'Ouganda étaient inférieures à celles des États-Unis (2,6 billions de dollars), du Japon (945,6 milliards de dollars), de l'Allemagne (575,7 milliards de dollars), de l'URSS (424,6 milliards de dollars) et du Royaume-Uni (416,5 milliards de dollars). Les dépenses ménagères par habitant en Ouganda étaient inférieures à celles des États-Unis (10 904,4 de dollars), du Japon (7 796,6 de dollars), de l'Allemagne (7 378,3 de dollars), du Royaume-Uni (7 376,3 de dollars) et de l'URSS (1 542,8 de dollars). La croissance des dépenses ménagères en Ouganda était supérieure à celle de l'Allemagne (1,8%); mais inférieure à celle du Japon (3,7%), du Royaume-Uni (3,5%), des États-Unis (3,2%) et de l'URSS (3,0%).

Les années 1990

Les dépenses ménagères de l'Ouganda étaient de 4,2 milliards de dollars par an dans les années 1990, se situant au 105ème rang mondial à égalité avec l'Islande (4,2 milliards de dollars), la Jamaïque (4,3 milliards de dollars), la Guinée (4,3 milliards de dollars). La part dans le monde était de 0,025% et de 1,1% en Afrique.

La part des dépenses ménagères dans le PIB de l'Ouganda était de 71,8% dans les années 1990, se situant au 74ème rang mondial, à égalité avec l'Argentine (71,5%), le Costa Rica (71,4%), les Philippines (71,4%).

Les dépenses ménagères par habitant en Ouganda étaient de 208.2 dollars dans les années 1990, se classant au 198ème rang mondial, à égalité avec Madagascar (209,8 de dollars). Les dépenses ménagères par habitant en Ouganda étaient 14,2 fois inférieures les dépenses ménagères par habitant au Monde (2 963,9 US$), et 2,6 fois inférieures les dépenses ménagères par habitant en Afrique (532,7 US$).

La croissance des dépenses ménagères en Ouganda était de 7.4% dans les années 1990, se classant au 10ème rang mondial, à égalité avec le Liban (7,4%). La croissance des dépenses ménagères en Ouganda (7,4%) a été supérieure à celle du monde (3,0%), et supérieure à celle de l'Afrique (2,6%).

Comparaison avec les voisins. Les dépenses ménagères de l'Ouganda étaient supérieures à celles du Rwanda (1,6 milliards de dollars); mais inférieures à celles du Soudan (9,6 milliards de dollars), du Kenya (9,5 milliards de dollars), de la RDC (9,2 milliards de dollars) et de la Tanzanie (6,5 milliards de dollars). Les dépenses ménagères par habitant en Ouganda étaient inférieures à celles du Kenya (348,4 de dollars), du Soudan (329,9 de dollars), du Rwanda (245,1 de dollars), de la RDC (226,5 de dollars) et de la Tanzanie (223,3 de dollars). La croissance des dépenses ménagères en Ouganda était supérieure à celle du Soudan (4,7%), de la Tanzanie (4,1%), du Kenya (3,2%), du Rwanda (-1,0%) et de la RDC (-3,8%).

Comparaison avec les leaders. Les dépenses ménagères de l'Ouganda étaient inférieures à celles des États-Unis (4,9 billions de dollars), du Japon (2,3 billions de dollars), de l'Allemagne (1,2 billions de dollars), du Royaume-Uni (884,5 milliards de dollars) et de la France (783,0 milliards de dollars). Les dépenses ménagères par habitant en Ouganda étaient inférieures à celles des États-Unis (18 538,8 de dollars), du Japon (18 170,3 de dollars), du Royaume-Uni (15 280,6 de dollars), de l'Allemagne (15 158,9 de dollars) et de la France (13 185,2 de dollars). La croissance des dépenses ménagères en Ouganda était supérieure à celle des États-Unis (3,4%), du Royaume-Uni (2,8%), de l'Allemagne (2,1%), du Japon (1,8%) et de la France (1,8%).

Les années 2000

Les dépenses ménagères de l'Ouganda étaient de 8,4 milliards de dollars par an dans les années 2000, se situant au 102ème rang mondial à égalité avec le Qatar (8,6 milliards de dollars), la Jamaïque (8,6 milliards de dollars), le Sénégal (8,3 milliards de dollars). La

Chapitre XIII. Dépenses ménagères

part dans le monde était de 0,031% et de 1,3% en Afrique.

La part des dépenses ménagères dans le PIB de l'Ouganda était de 73,9% dans les années 2000, se classant au 68ème rang mondial, à égalité avec l'Égypte (73,8%), les Îles Marshall (74,0%), les Philippines (74,1%).

Les dépenses ménagères par habitant en Ouganda étaient de 308.2 dollars dans les années 2000, se classant au 193ème rang mondial, à égalité avec l'Est (313,8 de dollars). Les dépenses ménagères par habitant en Ouganda étaient 13,7 fois inférieures les dépenses ménagères par habitant au Monde (4 208,2 US$), et 2,4 fois inférieures les dépenses ménagères par habitant en Afrique (735,9 US$).

La croissance des dépenses ménagères en Ouganda était de 6.1% dans les années 2000, au 50ème rang mondial. La croissance des dépenses ménagères en Ouganda (6,1%) a été supérieure à celle du monde (3,0%), et supérieure à celle de l'Afrique (6,0%).

Comparaison avec les voisins. Les dépenses ménagères de l'Ouganda étaient supérieures à celles du Rwanda (2,6 milliards de dollars); mais inférieures à celles du Soudan (27,2 milliards de dollars), du Kenya (17,8 milliards de dollars), de la Tanzanie (12,7 milliards de dollars) et de la république démocratique du Congo (10,8 milliards de dollars). Les dépenses ménagères par habitant en Ouganda étaient supérieures à celles du Rwanda (294,8 de dollars) et de la RDC (198,2 de dollars); mais inférieures à celles du Soudan (715,4 de dollars), du Kenya (491,3 de dollars) et de la Tanzanie (333,8 de dollars). La croissance des dépenses ménagères en Ouganda était supérieure à celle de la Tanzanie (5,6%), de la république démocratique du Congo (3,3%) et du Kenya (3,3%); mais inférieure à celle du Rwanda (7,0%) et du Soudan (6,4%).

Comparaison avec les leaders. Les dépenses ménagères de l'Ouganda étaient inférieures à celles des États-Unis (8,5 billions de dollars), du Japon (2,6 billions de dollars), de l'Allemagne (1,5 billions de dollars), du Royaume-Uni (1,5 billions de dollars) et de la France (1,1 billions de dollars). Les dépenses ménagères par habitant en Ouganda étaient inférieures à celles des États-Unis (28 799,1 de dollars), du Royaume-Uni (24 959,3 de dollars), du Japon (20 355,9 de dollars), de l'Allemagne (18 912,2 de dollars) et de la France (18 146,8 de dollars). La croissance des dépenses ménagères en Ouganda était supérieure à celle des États-Unis (2,4%), du Royaume-Uni (2,1%), de la France (2,0%), du Japon (0,81%) et de l'Allemagne (0,46%).

Les années 2010

Les dépenses ménagères de l'Ouganda étaient de 19,5 milliards de dollars par an dans les années 2010, se classant au 97ème rang mondial à égalité avec le Salvador (19,7 milliards de dollars), le Luxembourg (19,1 milliards de dollars). La part dans le monde était de 0,044% et de 1,3% en Afrique.

La part des dépenses ménagères dans le PIB de l'Ouganda était de 75,2% dans les années 2010, se situant au 51ème rang mondial, à égalité avec le Mali (75,1%), la Géorgie (74,9%), la Grenade (74,9%).

Les dépenses ménagères par habitant en Ouganda étaient de 514 dollars dans les années 2010, se classant au 197ème rang mondial, à égalité avec le Burkina Faso (507,7 de dollars). Les dépenses ménagères par habitant en Ouganda étaient 11,7 fois inférieures les dépenses ménagères par habitant au Monde (6 018,5 US$), et 2,5 fois inférieures les dépenses ménagères par habitant en Afrique (1 292,9 US$).

La croissance des dépenses ménagères en Ouganda était de 4.8% dans les années 2010, se situant au 47ème rang mondial, à égalité avec Sierra Leone (4,7%), la République dominicaine (4,8%). La croissance des dépenses ménagères en Ouganda (4,8%) a été supérieure à celle du monde (2,8%), et supérieure à celle de l'Afrique (3,3%).

Comparaison avec les voisins. Les dépenses ménagères de l'Ouganda étaient 3,0 fois supérieures à celles du Rwanda (6,5 milliards de dollars); mais 3,1 fois inférieures à celles du Soudan (59,7 milliards de dollars), 2,7 fois inférieures à celles du Kenya (51,8 milliards de dollars), 35,9% inférieures à celles de la Tanzanie (30,4 milliards de dollars) et 25,6% inférieures à celles de la république démocratique du Congo (26,2 milliards de dollars). Les dépenses ménagères par habitant en Ouganda étaient 47,6% supérieures à celles de la RDC (348,1 de dollars); mais 3,0 fois inférieures à celles du Soudan (1 548,8 de dollars), 2,1 fois inférieures à celles du Kenya (1 095,0 de dollars), 13,9% inférieures à celles de la Tanzanie (596,8 de dollars) et 10,5% inférieures à celles du Rwanda (574,0 de dollars). La croissance des dépenses ménagères en Ouganda était supérieure à celle du Soudan (2,2%); mais inférieure à celle du Kenya (6,1%), du Rwanda (5,8%), de la RDC (5,5%) et de la Tanzanie (4,8%).

Comparaison avec les leaders. Les dépenses ménagères de l'Ouganda étaient 625,6 fois inférieures à celles des États-Unis (12,2 billions de dollars), 201,6 fois inférieures à celles de la Chine (3,9 billions de dollars), 153,3 fois inférieures à celles du Japon (3,0 billions de dollars), 100,5 fois inférieures à celles de l'Allemagne (2,0 billions de dollars) et 91,4 fois inférieures à celles du Royaume-Uni (1,8 billions de dollars). Les dépenses ménagères par habitant en Ouganda étaient 74,2 fois inférieures à celles des États-Unis (38 161,2 de dollars), 52,9 fois inférieures à celles du Royaume-Uni (27 164,8 de dollars), 46,5 fois inférieures à celles de l'Allemagne (23 925,0 de dollars), 45,4 fois inférieures à celles du Japon (23 352,2 de dollars) et 5,5 fois inférieures à celles de la Chine (2 801,9 de dollars). La croissance des dépenses ménagères en Ouganda était supérieure à celle des États-Unis (2,4%), du Royaume-Uni (1,8%), de l'Allemagne (1,4%) et du Japon (0,64%); mais inférieure à celle de la Chine (8,3%).

Chapitre XIV. Consommation de nourriture

Au cours de la période de recherche, la consommation alimentaire des produits suivants a augmenté: huiles végétales (de 5,0 fois), stimulants (de 93,1%), sucre (de 54,8%), œufs (de 37,1%), lait (de 37,0%), légumes (de 33,7%), céréales (de 4,1%), viande (de 2,9%), mais diminué pour les produits suivants: légumineuses (de 7,1%), fruits (de 11,0%), poisson (de 23,1%), racines riches (de 47,8%), épices (de 2,8 fois), alcool (de 2,9 fois).

Voici les coefficients de corrélation entre le RNB par habitant à prix constants et la consommation alimentaire: légumes (0.959), huiles végétales (0.949), lait (0.895), œufs (0.83), sucre (0.83), viande (0.679), céréales (0.63), stimulants (0.449), légumineuses (0.165), poisson (-0.174), fruits (-0.596), alcool (-0.807), épices (-0.877), racines riches (-0.886).

Les années 1970

La consommation de kcal en Ouganda était de 2 346,7 kcal/jour par habitant dans les années 1970, au 75ème rang mondial à égalité avec l'Iran (2 350,9 kcal/jour par habitant), les Samoa (2 356,8 kcal/jour par habitant), le Malawi (2 362,3 kcal/jour par habitant). La consommation de kcal en Ouganda était inférieur à celui dans le monde (2 403,2 kcal/jour par habitant), et était supérieur à celui en Afrique (2 120,4 kcal/jour par habitant). La consommation de kcal avait la structure suivante: céréales (22.7%), racines riches (22.5%), fruits (13.8%), alcool (10.8%), légumineuses (10.3%), et d'autres (19.9%).

La consommation de protéines en Ouganda était de 60,2 g/jour par habitant dans les années 1970, se classant au 79ème rang mondial à égalité avec la Jordanie (60,0 g/jour par habitant), la Grenade (59,9 g/jour par habitant), la Mélanésie (60,7 g/jour par habitant). La consommation de protéines en Ouganda était inférieur à celui dans le monde (65,0 g/jour par habitant), et était supérieur à celui en Afrique (54,9 g/jour par habitant). La consommation de protéines avait la structure suivante: légumineuses (25.9%), céréales (19.7%), racines riches (10.2%), viande (7.9%), poisson (7.9%), et d'autres (28.4%).

La consommation de graisse en Ouganda était de 34,6 g/jour par habitant dans les années 1970, se classant au 125ème rang mondial à égalité avec Madagascar (34,6 g/jour par habitant), Djibouti (34,7 g/jour par habitant), le Yémen (34,4 g/jour par habitant). La consommation de graisse en Ouganda était inférieur à celui dans le monde (55,1 g/jour par habitant), et était inférieur à celui en Afrique (43,8 g/jour par habitant). La consommation de graisse avait la structure suivante: huiles végétales (13.3%), viande (12.7%), céréales (8.6%), lait (7.5%), poisson (3.2%), et d'autres (54.7%).

Voici les niveaux de consommation alimentaire dans le classement mondial: 1er - alcool (234,7 kg/habitant/an), 2ème - légumineuses (25,9 kg/habitant/an), 11ème - fruits (142,5 kg/habitant/an), 16ème - racines riches (194,7 kg/habitant/an), 48ème - poisson (16,1 kg/habitant/an), 65ème - épices (0,40 kg/habitant/an), 107ème - viande (12,1 kg/habitant/an), 108ème - lait (27,5 kg/habitant/an), 115ème - légumes (20,5 kg/habitant/an), 120ème - stimulants (0,28 kg/habitant/an), 126ème - œufs (0,70 kg/habitant/an), 127ème - noix (0,010 kg/habitant/an), 128ème - sucre (6,6 kg/habitant/an), 135ème - huiles végétales (1,7 kg/habitant/an), 140ème - céréales (66,6 kg/habitant/an).

Les années 1980

La consommation de kcal en Ouganda était de 2 173,7 kcal/jour par habitant dans les années 1980, se situant au 110ème rang mondial à égalité avec d'Antigua-et-Barbuda (2 176,2 kcal/jour par habitant), le Kenya (2 179,6 kcal/jour par habitant), l'Inde (2 163,6 kcal/jour par habitant). La consommation de kcal en Ouganda était inférieur à celui dans le monde (2 572,3 kcal/jour par habitant), et était inférieur à celui en Afrique (2 241,9 kcal/jour par habitant). La consommation de kcal avait la structure suivante: racines riches (30.3%), fruits (20.8%), céréales (18.2%), légumineuses (9.3%), alcool (7.4%), et d'autres (14%).

La consommation de protéines en Ouganda était de 50,0 g/jour par habitant dans les années 1980, se classant au 122ème rang mondial. La consommation de protéines en Ouganda était inférieur à celui dans le monde (69,1 g/jour par habitant), et était inférieur à celui en Afrique (57,5 g/jour par habitant). La consommation de protéines avait la structure suivante: légumineuses (26.3%), céréales (17.3%), racines riches (13.9%), fruits (8.8%), viande (8.1%), et d'autres (25.6%).

La consommation de graisse en Ouganda était de 23,9 g/jour par habitant dans les années 1980, au 143ème rang mondial. La consommation de graisse en Ouganda était inférieur à celui dans le monde (63,2 g/jour par habitant), et était inférieur à celui en Afrique (46,6 g/jour par habitant). La consommation de graisse avait la structure suivante: viande (17.6%), huiles végétales (11.4%), lait (9.9%), céréales (8.9%), fruits (4.3%), et d'autres (47.9%).

Voici les niveaux de consommation alimentaire dans le classement mondial: 2ème - légumineuses (21,8 kg/habitant/an), 6ème - alcool (149,6 kg/habitant/an), 10ème - racines riches (234,4 kg/habitant/an), 70ème - poisson (12,9 kg/habitant/an), 84ème - épices (0,32 kg/habitant/an), 112ème - lait (24,6 kg/habitant/an), 123ème - légumes (21,4 kg/habitant/an), 125ème - viande (10,6 kg/habitant/an), 134ème - stimulants (0,14 kg/habitant/an), 136ème - œufs (0,65 kg/habitant/an), 144ème - céréales (49,6 kg/habitant/an), 145ème - huiles végétales (0,99 kg/habitant/an).

Les années 1990

La consommation de kcal en Ouganda était de 2 233,0 kcal/jour par habitant dans les années 1990, se situant au 126ème rang mondial à égalité avec le Népal (2 235,1 kcal/jour par habitant), le Sri Lanka (2 230,4 kcal/jour par habitant), l'Arménie (2 249,0 kcal/jour par habitant). La consommation de kcal en Ouganda était inférieur à celui dans le monde (2 652,6 kcal/jour par habitant), et était inférieur à celui en Afrique (2 365,6 kcal/jour par habitant). La consommation de kcal avait la structure suivante: racines riches (22.7%), fruits (21.8%), céréales (20.9%), légumineuses (8.4%), alcool (7.2%), et d'autres (19%).

La consommation de protéines en Ouganda était de 48,7 g/jour par habitant dans les années 1990, se classant au 150ème rang mondial à égalité avec Madagascar (48,9 g/jour par habitant), l'Est (48,9 g/jour par habitant), le Togo (49,2 g/jour par habitant). La consommation de protéines en Ouganda était inférieur à celui dans le monde (72,1 g/jour par habitant), et était inférieur à celui en Afrique (60,1 g/jour par habitant). La consommation de protéines avait la structure suivante: légumineuses (24.8%), céréales (21.2%), racines riches (11.5%), fruits (9.6%), viande (8.5%), et d'autres (24.4%).

La consommation de graisse en Ouganda était de 35,6 g/jour par habitant dans les années 1990, au 154ème rang mondial à égalité avec la Namibie (35,4 g/jour par habitant). La consommation de graisse en Ouganda était inférieur à celui dans le monde (69,0 g/jour par habitant), et était inférieur à celui en Afrique (48,6 g/jour par habitant). La consommation de graisse avait la structure suivante: huiles végétales (31.6%), viande (17.1%), céréales (6.9%), lait (5.9%), fruits (3.1%), et d'autres (35.4%).

Voici les niveaux de consommation alimentaire dans le classement mondial: 2ème - légumineuses (20,1 kg/habitant/an), 5ème - fruits (208,6 kg/habitant/an), 7ème - alcool (145,8 kg/habitant/an), 14ème - racines riches (183,3 kg/habitant/an), 89ème - poisson (10,0 kg/habitant/an), 114ème - épices (0,24 kg/habitant/an), 132ème - lait (22,0 kg/habitant/an), 141ème - viande (11,4 kg/habitant/an), 146ème - stimulants (0,42 kg/habitant/an), 154ème - sucre (5,5 kg/habitant/an), 156ème - légumes (20,5 kg/habitant/an), 157ème - œufs (0,64 kg/habitant/an), 166ème - céréales (57,5 kg/habitant/an).

Les années 2000

La consommation de kcal en Ouganda était de 2 279,6 kcal/jour par habitant dans les années 2000, se situant au 140ème rang mondial à égalité avec la Mongolie (2 278,3 kcal/jour par habitant), le Sénégal (2 272,7 kcal/jour par habitant), la Guinée-Bissau (2 268,2 kcal/jour par habitant). La consommation de kcal en Ouganda était inférieur à celui dans le monde (2 765,9 kcal/jour par habitant), et était inférieur à celui en Afrique (2 509,9 kcal/jour par habitant). La consommation de kcal avait la structure suivante: céréales (22.4%), racines riches (22.4%), fruits (17.8%), légumineuses (8.9%), huiles végétales (6.5%), et d'autres (22%).

La consommation de protéines en Ouganda était de 52,1 g/jour par habitant dans les années 2000, au 157ème rang mondial à égalité avec la Guinée (52,4 g/jour par habitant), le Bangladesh (51,8 g/jour par habitant), le Togo (51,7 g/jour par habitant). La consommation de protéines en Ouganda était inférieur à celui dans le monde (76,5 g/jour par habitant), et était inférieur à celui en Afrique (65,1 g/jour par habitant). La consommation de protéines avait la structure suivante: légumineuses (25.2%), céréales (23%), racines riches (10.7%), viande (8.4%), fruits (7.4%), et d'autres (25.3%).

La consommation de graisse en Ouganda était de 40,9 g/jour par habitant dans les années 2000, au 158ème rang mondial. La consommation de graisse en Ouganda était inférieur à celui dans le monde (76,9 g/jour par habitant), et était inférieur à celui en Afrique (52,8 g/jour par habitant). La consommation de graisse avait la structure suivante: huiles végétales (41%), viande (15.7%), lait (7.6%), céréales (6.4%), fruits (2.2%), et d'autres (27.1%).

Voici les niveaux de consommation alimentaire dans le classement mondial: 4ème - légumineuses (21,9 kg/habitant/an), 9ème - alcool (117,8 kg/habitant/an), 10ème - fruits (173,2 kg/habitant/an), 13ème - racines riches (184,0 kg/habitant/an), 100ème - poisson (10,0 kg/habitant/an), 122ème - épices (0,26 kg/habitant/an), 126ème - stimulants (1,3 kg/habitant/an), 130ème - lait (32,7 kg/habitant/an), 138ème - huiles végétales (6,1 kg/habitant/an), 152ème - sucre (9,2 kg/habitant/an), 154ème - viande (12,1 kg/habitant/an), 158ème - légumes (22,5 kg/habitant/an), 159ème - noix (0,030 kg/habitant/an), 162ème - œufs (0,64 kg/habitant/an), 170ème - céréales (62,0 kg/habitant/an).

Chapitre XIV. Consommation de nourriture

Les années 2010

La consommation de kcal en Ouganda était de 2 167,0 kcal/jour par habitant dans les années 2010, au 162ème rang mondial à égalité avec le Zimbabwe (2 168,8 kcal/jour par habitant), la république du Congo (2 173,5 kcal/jour par habitant), la Tanzanie (2 174,3 kcal/jour par habitant). La consommation de kcal en Ouganda était inférieur à celui dans le monde (2 869,3 kcal/jour par habitant), et était inférieur à celui en Afrique (2 612,5 kcal/jour par habitant). La consommation de kcal avait la structure suivante: céréales (26.8%), racines riches (17.1%), fruits (13.7%), légumineuses (10.3%), huiles végétales (9.3%), et d'autres (22.8%).

La consommation de protéines en Ouganda était de 54,0 g/jour par habitant dans les années 2010, se situant au 163ème rang mondial à égalité avec la Zambie (53,8 g/jour par habitant), Sao Tomé-et-Principe (53,7 g/jour par habitant). La consommation de protéines en Ouganda était inférieur à celui dans le monde (80,6 g/jour par habitant), et était inférieur à celui en Afrique (69,0 g/jour par habitant). La consommation de protéines avait la structure suivante: légumineuses (27.2%), céréales (26.1%), viande (8.4%), racines riches (7.2%), poisson (7.2%), et d'autres (23.9%).

La consommation de graisse en Ouganda était de 48,1 g/jour par habitant dans les années 2010, au 153ème rang mondial à égalité avec le Tchad (48,0 g/jour par habitant), le Sri Lanka (47,8 g/jour par habitant), les Salomon (48,5 g/jour par habitant). La consommation de graisse en Ouganda était inférieur à celui dans le monde (82,4 g/jour par habitant), et était inférieur à celui en Afrique (54,7 g/jour par habitant). La consommation de graisse avait la structure suivante: huiles végétales (47.5%), viande (13.6%), lait (7.5%), céréales (6.2%), poisson (1.9%), et d'autres (23.3%).

Voici les niveaux de consommation alimentaire dans le classement mondial: 4ème - légumineuses (24,2 kg/habitant/an), 26ème - racines riches (131,7 kg/habitant/an), 28ème - fruits (128,3 kg/habitant/an), 33ème - alcool (79,6 kg/habitant/an), 93ème - poisson (13,1 kg/habitant/an), 117ème - huiles végétales (8,3 kg/habitant/an), 130ème - lait (37,7 kg/habitant/an), 142ème - épices (0,14 kg/habitant/an), 150ème - sucre (10,3 kg/habitant/an), 151ème - légumes (27,4 kg/habitant/an), 155ème - œufs (0,96 kg/habitant/an), 158ème - viande (12,5 kg/habitant/an), 161ème - noix (0,027 kg/habitant/an), 167ème - céréales (69,4 kg/habitant/an).

Partie V. Reproduction

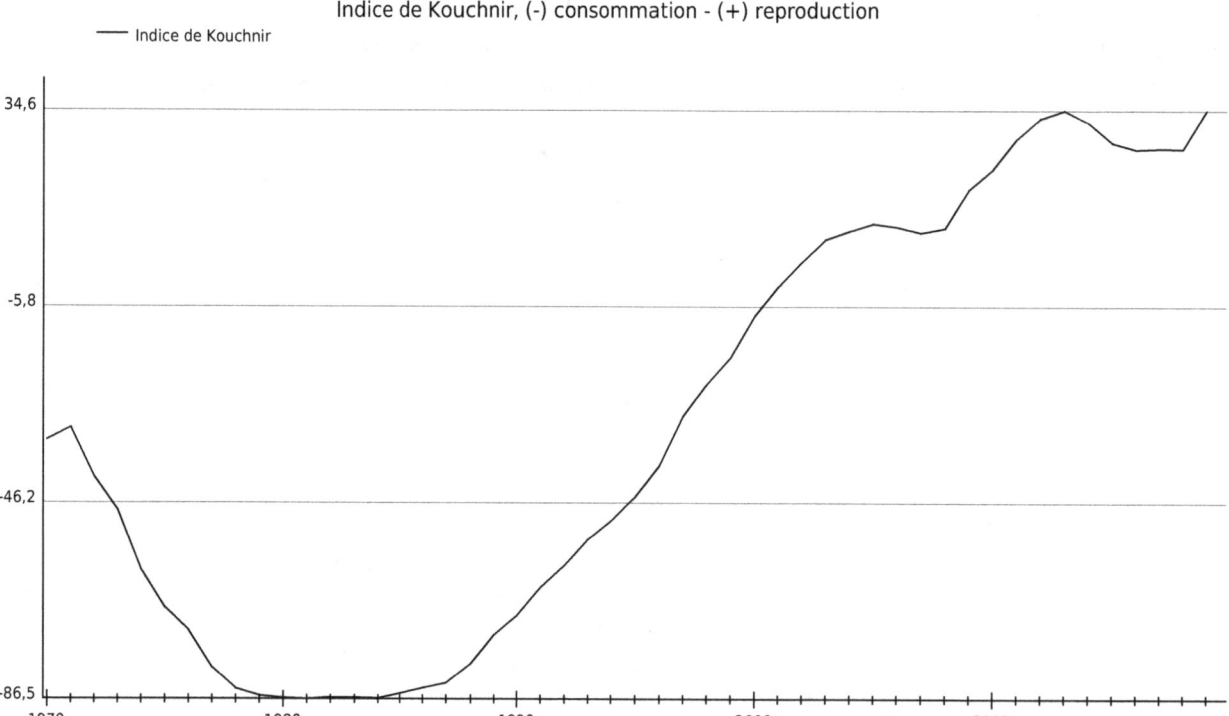

Chapitre XV. Formation de capital fixe

Formation brute de capital fixe

La formation de capital de l'Ouganda est passé de 641,9 millions de dollars par an dans les années 1970 à 6,6 milliards de dollars par an dans les années 2010, c'est-à-dire 5,9 milliards de dollars ou de 10,3 fois. La variation a été de -1,2 milliards de dollars en raison de la baisse de 1,2 fois du prix, et de 5,5 milliards de dollars en raison de la croissance du taux par habitant de 3,4 fois, et de 1,6 milliards de dollars en raison de la croissance démographique. La croissance annuelle moyenne de la formation de capital était de 5,7%. La valeur minimale était de 298,5 millions de dollars en 1980. La valeur maximale était de 8,4 milliards de dollars en 2019.

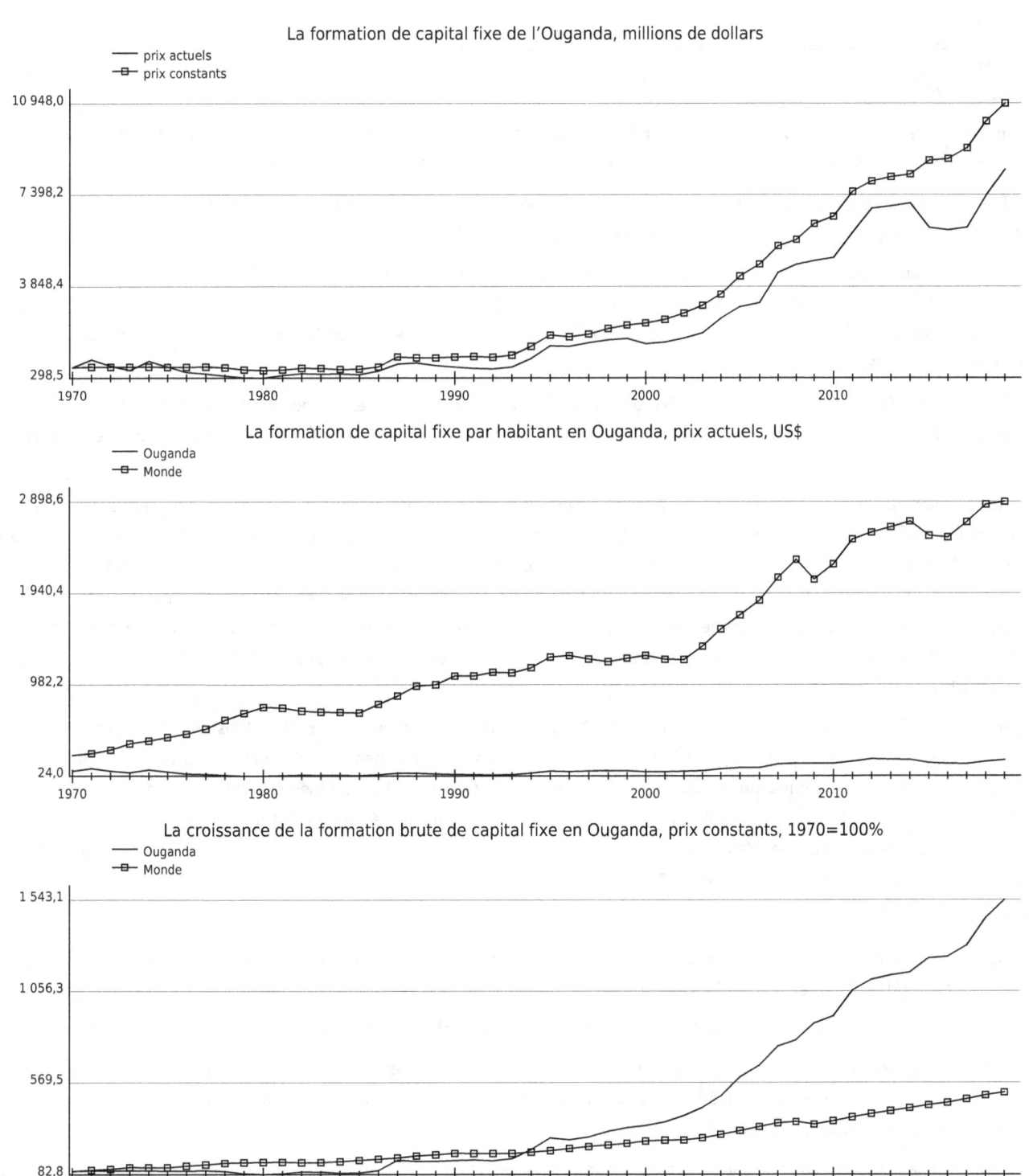

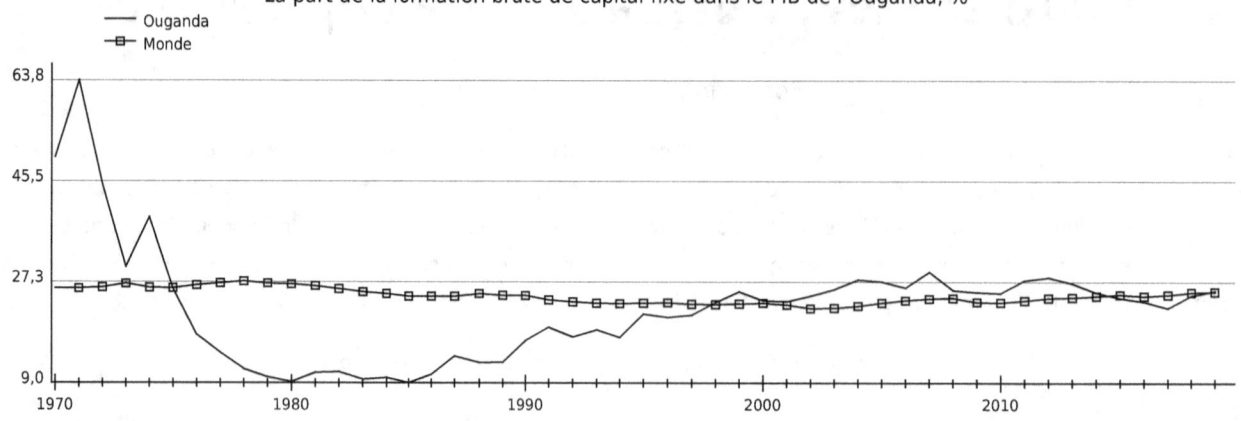

Les années 1970

La formation de capital fixe de l'Ouganda était de 641,9 millions de dollars par an dans les années 1970, au 79ème rang mondial à égalité avec le Ghana (658,1 millions de dollars). La part dans le monde était de 0,037% et de 0,54% en Afrique.

La part de la formation brute de capital fixe dans le PIB de l'Ouganda était de 26,3% dans les années 1970, au 62ème rang mondial, à égalité avec l'Afrique centrale (26,3%), la Suède (26,5%), le Lesotho (26,2%).

La formation de capital fixe par habitant en Ouganda était de 60.2 dollars dans les années 1970, se classant au 151ème rang mondial, à égalité avec Sao Tomé-et-Principe (60,3 de dollars), le Sénégal (61,5 de dollars). La formation de capital par habitant en Ouganda était 7,2 fois inférieure la formation de capital par habitant au Monde (433,5 US$), et 4,8 fois inférieure la formation de capital par habitant en Afrique (289,8 US$).

La croissance de la formation brute de capital fixe en Ouganda était de -1.6% dans les années 1970, au 172ème rang mondial. La croissance de la formation de capital en Ouganda (-1,6%) a été inférieure à celle du monde (4,2%), et inférieure à celle de l'Afrique (7,1%).

Comparaison avec les voisins. La formation de capital de l'Ouganda était supérieure à celle du Soudan (457,5 millions de dollars) et du Rwanda (59,9 millions de dollars); mais inférieure à celle de la république démocratique du Congo (2,3 milliards de dollars), de la Tanzanie (1,3 milliards de dollars) et du Kenya (905,2 millions de dollars). La formation de capital par habitant en Ouganda était supérieure à celle du Soudan (28,7 de dollars) et du Rwanda (13,8 de dollars); mais inférieure à celle de la république démocratique du Congo (102,4 de dollars), de la Tanzanie (80,5 de dollars) et du Kenya (67,5 de dollars). La croissance de la formation brute de capital fixe en Ouganda était inférieure à celle du Rwanda (14,9%), de la RDC (4,8%), du Soudan (4,8%), de la Tanzanie (4,2%) et du Kenya (3,1%).

Comparaison avec les leaders. La formation de capital de l'Ouganda était inférieure à celle des États-Unis (381,9 milliards de dollars), de l'URSS (214,6 milliards de dollars), du Japon (191,6 milliards de dollars), de l'Allemagne (125,8 milliards de dollars) et de la France (82,9 milliards de dollars). La formation de capital fixe par habitant en Ouganda était inférieure à celle des États-Unis (1 750,0 de dollars), du Japon (1 720,7 de dollars), de l'Allemagne (1 597,2 de dollars), de la France (1 545,4 de dollars) et de l'URSS (850,9 de dollars). La croissance de la formation de capital en Ouganda était inférieure à celle des États-Unis (4,4%), du Japon (3,9%), de l'URSS (3,2%), de la France (2,7%) et de l'Allemagne (1,5%).

Les années 1980

La formation de capital de l'Ouganda était de 557,5 millions de dollars par an dans les années 1980, au 104ème rang mondial. La part dans le monde était de 0,015% et de 0,28% en Afrique.

La part de la formation de capital dans le PIB de l'Ouganda était de 11,2% dans les années 1980, se situant au 175ème rang mondial.

La formation de capital par habitant en Ouganda était de 38.6 dollars dans les années 1980, au 171ème rang mondial. La formation de capital par habitant en Ouganda était 20,5 fois inférieure la formation de capital par habitant au Monde (790,9 US$), et 9,4 fois inférieure la formation de capital par habitant en Afrique (362,0 US$).

La croissance de la formation brute de capital fixe en Ouganda était de 5.7% dans les années 1980, se situant au 40ème rang mondial, à égalité avec la Guinée (5,7%), la Finlande (5,7%). La croissance de la formation de capital en Ouganda (5,7%) a été supérieure à

Chapitre XV. Formation de capital fixe

celle du monde (2,5%), et supérieure à celle de l'Afrique (-3,3%).

Comparaison avec les voisins. La formation de capital de l'Ouganda était supérieure à celle du Rwanda (229,5 millions de dollars); mais inférieure à celle de la Tanzanie (2,2 milliards de dollars), de la république démocratique du Congo (2,0 milliards de dollars), du Kenya (1,7 milliards de dollars) et du Soudan (1,1 milliards de dollars). La formation de capital fixe par habitant en Ouganda était supérieure à celle du Rwanda (37,4 de dollars); mais inférieure à celle de la Tanzanie (102,8 de dollars), du Kenya (88,7 de dollars), de la RDC (66,7 de dollars) et du Soudan (50,0 de dollars). La croissance de la formation de capital en Ouganda était supérieure à celle du Kenya (-0,36%), de la Tanzanie (-4,4%) et du Soudan (-6,2%); mais inférieure à celle de la république démocratique du Congo (7,3%) et du Rwanda (6,3%).

Comparaison avec les leaders. La formation de capital de l'Ouganda était inférieure à celle des États-Unis (958,4 milliards de dollars), du Japon (571,7 milliards de dollars), de l'URSS (271,0 milliards de dollars), de l'Allemagne (238,1 milliards de dollars) et de la France (164,3 milliards de dollars). La formation de capital par habitant en Ouganda était inférieure à celle du Japon (4 713,7 de dollars), des États-Unis (4 002,1 de dollars), de l'Allemagne (3 052,1 de dollars), de la France (2 907,7 de dollars) et de l'URSS (984,8 de dollars). La croissance de la formation de capital en Ouganda était supérieure à celle du Japon (4,8%), des États-Unis (3,1%), de la France (2,4%), de l'URSS (1,7%) et de l'Allemagne (1,4%).

Les années 1990

La formation de capital fixe de l'Ouganda était de 1,2 milliards de dollars par an dans les années 1990, au 103ème rang mondial à égalité avec l'Éthiopie (1,2 milliards de dollars), le Sénégal (1,2 milliards de dollars), le Honduras (1,2 milliards de dollars). La part dans le monde était de 0,018% et de 0,99% en Afrique.

La part de la formation de capital dans le PIB de l'Ouganda était de 20,7% dans les années 1990, se classant au 121ème rang mondial, à égalité avec les Amériques (20,7%), l'Afrique (20,8%), la Somalie (20,7%).

La formation de capital par habitant en Ouganda était de 60.2 dollars dans les années 1990, se situant au 183ème rang mondial, à égalité avec le Viêt Nam (59,4 de dollars), le Bangladesh (61,5 de dollars). La formation de capital par habitant en Ouganda était 19,7 fois inférieure la formation de capital par habitant au Monde (1 183,8 US$), et 2,9 fois inférieure la formation de capital fixe par habitant en Afrique (173,2 US$).

La croissance de la formation de capital en Ouganda était de 8.1% dans les années 1990, se classant au 25ème rang mondial. La croissance de la formation de capital en Ouganda (8,1%) a été supérieure à celle du monde (2,8%), et supérieure à celle de l'Afrique (3,2%).

Comparaison avec les voisins. La formation de capital de l'Ouganda était supérieure à celle de la république démocratique du Congo (883,1 millions de dollars) et du Rwanda (192,6 millions de dollars); mais inférieure à celle de la Tanzanie (2,4 milliards de dollars), du Kenya (2,1 milliards de dollars) et du Soudan (1,5 milliards de dollars). La formation de capital fixe par habitant en Ouganda était supérieure à celle du Soudan (50,5 de dollars), du Rwanda (29,2 de dollars) et de la république démocratique du Congo (21,8 de dollars); mais inférieure à celle de la Tanzanie (81,1 de dollars) et du Kenya (75,0 de dollars). La croissance de la formation brute de capital fixe en Ouganda était supérieure à celle de la Tanzanie (4,8%), du Kenya (3,1%), du Rwanda (0,35%) et de la RDC (-14,3%); mais inférieure à celle du Soudan (31,2%).

Comparaison avec les leaders. La formation de capital fixe de l'Ouganda était inférieure à celle des États-Unis (1,6 billions de dollars), du Japon (1,3 billions de dollars), de l'Allemagne (520,7 milliards de dollars), de la France (299,3 milliards de dollars) et du Royaume-Uni (250,0 milliards de dollars). La formation de capital par habitant en Ouganda était inférieure à celle du Japon (10 425,9 de dollars), de l'Allemagne (6 456,6 de dollars), des États-Unis (6 067,2 de dollars), de la France (5 039,5 de dollars) et du Royaume-Uni (4 319,1 de dollars). La croissance de la formation de capital en Ouganda était supérieure à celle des États-Unis (4,8%), de l'Allemagne (2,4%), du Royaume-Uni (1,7%), de la France (1,5%) et du Japon (0,18%).

Les années 2000

La formation de capital fixe de l'Ouganda était de 3,0 milliards de dollars par an dans les années 2000, se classant au 100ème rang mondial à égalité avec Macao (2,9 milliards de dollars), Trinité-et-Tobago (2,9 milliards de dollars). La part dans le monde était de 0,027% et de 1,2% en Afrique.

La part de la formation de capital dans le PIB de l'Ouganda était de 26,2% dans les années 2000, au 64ème rang mondial, à égalité avec l'Irlande (26,2%), Curaçao (26,3%), Sainte-Lucie (26,2%).

La formation de capital fixe par habitant en Ouganda était de 109.4 dollars dans les années 2000, se classant au 184ème rang mondial, à égalité avec le Pakistan (111,4 de dollars). La formation de capital par habitant en Ouganda était 15,4 fois inférieure la formation de capital par habitant au Monde (1 690,7 US$), et 2,6 fois inférieure la formation de capital par habitant en Afrique (280,9 US$).

La croissance de la formation brute de capital fixe en Ouganda était de 10.4% dans les années 2000, se situant au 38ème rang mondial. La croissance de la formation de capital en Ouganda (10,4%) a été supérieure à celle du monde (3,5%), et supérieure à celle de l'Afrique (5,6%).

Comparaison avec les voisins. La formation de capital de l'Ouganda était supérieure à celle de la république démocratique du Congo (1,5 milliards de dollars) et du Rwanda (518,9 millions de dollars); mais inférieure à celle du Soudan (6,4 milliards de dollars), de la Tanzanie (5,4 milliards de dollars) et du Kenya (4,3 milliards de dollars). La formation de capital fixe par habitant en Ouganda était supérieure à celle du Rwanda (58,8 de dollars) et de la RDC (27,8 de dollars); mais inférieure à celle du Soudan (168,3 de dollars), de la Tanzanie (141,5 de dollars) et du Kenya (118,1 de dollars). La croissance de la formation de capital en Ouganda était supérieure à celle du Kenya (8,0%); mais inférieure à celle du Rwanda (14,6%), de la république démocratique du Congo (14,1%), du Soudan (13,9%) et de la Tanzanie (11,3%).

Comparaison avec les leaders. La formation de capital fixe de l'Ouganda était inférieure à celle des États-Unis (2,8 billions de dollars), du Japon (1,2 billions de dollars), de la Chine (1,0 billions de dollars), de l'Allemagne (557,7 milliards de dollars) et de la France (463,9 milliards de dollars). La formation de capital fixe par habitant en Ouganda était inférieure à celle des États-Unis (9 376,4 de dollars), du Japon (8 981,8 de dollars), de la France (7 386,7 de dollars), de l'Allemagne (6 851,1 de dollars) et de la Chine (782,2 de dollars). La croissance de la formation brute de capital fixe en Ouganda était supérieure à celle de la France (1,6%), des États-Unis (0,43%), de l'Allemagne (-0,56%) et du Japon (-2,0%); mais inférieure à celle de la Chine (13,4%).

Les années 2010

La formation de capital fixe de l'Ouganda était de 6,6 milliards de dollars par an dans les années 2010, au 101ème rang mondial à égalité avec la Lettonie (6,5 milliards de dollars), l'Estonie (6,5 milliards de dollars). La part dans le monde était de 0,034% et de 1,3% en Afrique.

La part de la formation de capital dans le PIB de l'Ouganda était de 25,4% dans les années 2010, se classant au 65ème rang mondial, à égalité avec l'Estonie (25,4%), le Nicaragua (25,4%), l'Australie (25,5%).

La formation de capital fixe par habitant en Ouganda était de 173.7 dollars dans les années 2010, au 191ème rang mondial, à égalité avec le Rwanda (173,7 de dollars), le Pakistan (172,8 de dollars). La formation de capital fixe par habitant en Ouganda était 15,1 fois inférieure la formation de capital par habitant au Monde (2 621,1 US$), et 2,5 fois inférieure la formation de capital fixe par habitant en Afrique (440,4 US$).

La croissance de la formation de capital en Ouganda était de 5.7% dans les années 2010, se situant au 60ème rang mondial, à égalité avec Malte (5,8%). La croissance de la formation brute de capital fixe en Ouganda (5,7%) a été supérieure à celle du monde (4,1%), et supérieure à celle de l'Afrique (3,1%).

Comparaison avec les voisins. La formation de capital fixe de l'Ouganda était 3,4 fois supérieure à celle du Rwanda (2,0 milliards de dollars); mais 2,7 fois inférieure à celle de la Tanzanie (17,5 milliards de dollars), 47,1% inférieure à celle du Kenya (12,4 milliards de dollars), 33,7% inférieure à celle du Soudan (9,9 milliards de dollars) et 13,2% inférieure à celle de la république démocratique du Congo (7,6 milliards de dollars). La formation de capital par habitant en Ouganda était 72,4% supérieure à celle de la république démocratique du Congo (100,8 de dollars); mais 49,4% inférieure à celle de la Tanzanie (343,1 de dollars), 34,0% inférieure à celle du Kenya (263,1 de dollars), 32,6% inférieure à celle du Soudan (257,7 de dollars) et 0,040% inférieure à celle du Rwanda (173,7 de dollars). La croissance de la formation de capital en Ouganda était supérieure à celle du Kenya (5,4%) et du Soudan (-3,2%); mais inférieure à celle de la Tanzanie (12,4%), du Rwanda (10,1%) et de la république démocratique du Congo (8,9%).

Comparaison avec les leaders. La formation de capital fixe de l'Ouganda était 686,8 fois inférieure à celle de la Chine (4,5 billions de dollars), 546,5 fois inférieure à celle des États-Unis (3,6 billions de dollars), 183,8 fois inférieure à celle du Japon (1,2 billions de dollars), 114,3 fois inférieure à celle de l'Allemagne (752,5 milliards de dollars) et 105,8 fois inférieure à celle de l'Inde (696,8 milliards de dollars). La formation de capital fixe par habitant en Ouganda était 64,9 fois inférieure à celle des États-Unis (11 264,9 de dollars), 54,5 fois inférieure à celle du Japon (9 460,2 de dollars), 52,9 fois inférieure à celle de l'Allemagne (9 192,9 de dollars), 18,6 fois inférieure à celle de la Chine (3 224,9 de dollars) et 3,1 fois inférieure à celle de l'Inde (535,2 de dollars). La croissance de la formation de capital en Ouganda était supérieure à celle des États-Unis (3,8%), de l'Allemagne (2,8%) et du Japon (1,8%); mais inférieure à celle de la Chine (8,0%) et de l'Inde (5,8%).

www.ingramcontent.com/pod-product-compliance
Lightning Source LLC
Chambersburg PA
CBHW080520220526

45465CB00006B/2550